책뜯기
공부법

这样读书就够了 © 2012 by ZHAO Zhou
All rights reserved
First published in China in 2012 by Central Radio & TV University Press Co., Ltd.
Through Shinwon Agency Co., Seoul
Korean translation rights © 2015 by Dasan Books Co., Ltd.

이 책의 한국어판 저작권은 신원에이전시를 통한 저작권자와의 독점 계약으로 ㈜다산북스에 있습니다.
저작권법에 의해 한국 내에서 보호를 받는 저작물이므로 무단 전재와 복제를 금합니다.

0.1퍼센트 독서 고수들의 비밀

책 뜯기

공부법

자오저우 지음 | 허유영 옮김

목적 없는 공부는 기억에 해가 될 뿐이며
머릿속에 들어온 어떤 것도 간직하지 못한다.

―레오나르도 다빈치 Leonardo da Vinci

들어가며

0.1퍼센트 독서 고수들의 비밀

프랑스의 철학자이자 사상가 장 폴 사르트르는 "내가 세계를 알게 된 것은 책에 의해서였다"고 말했다. 동서고금을 막론하고 책과 거리가 먼 사람이 세상의 이치에 가까이 다가간 경우는 결코 없다.

중국 송나라의 유학자 주희는 "학문을 하는 바른 길은 사물의 이치를 궁리하고 사색하는 일이 가장 앞자리에 있고, 사물의 이치를 궁리하고 사색하는 일의 핵심은 독서가 맨 앞자리에 있다"고 말했다. 학문의 가장 중요한 이유는 깨달음에 이르기 위함이며, 깨달음에 이르기 위해 가장 중요한 것은 독서에 있음을 강조하는 말이다.

르네상스 시대를 대표하는 천재 화가이자 사상가인 레오나르도 다빈치가 미술뿐 아니라 건축, 수학, 과학, 철학, 음악에 이르기까지 다양한 방면에 두루 통달할 수 있었던 비결 역시 '독서'에 있었다. 그는 관심 있는 주제에 관해 가능한 한 모든 책을 구해 공부하는 습관을 갖고 있었고, 뜻하는 바를 얻기 위해 아주 세심하게 책을 읽었다.

비단 다빈치뿐만 아니라 아인슈타인, 존 스튜어트 밀, 헨리 데이비드 소로, 볼테르, 존 로크 등 분야를 막론하고 세상을 움직여온 천재들은 하나같이 독서에 관한 나름의 철학과 방식이 있었다. 빌 게이츠와 스티브 잡스 역시 "나는 한 권의 책으로부터 왔다"고 입 모아 말하곤 했으며, 현재 중국에서 가장 주목받는 기업가인 알리바바의 마윈 역시 "책 덕분에 청년 시절의 좌절을 딛고 일어설 수 있었다"고 말한 바 있다.

어느 시대에서나 세상을 이끌어온 고수들의 무기는 언제나 책 속에 있었고, 책을 통해 만들어졌다. 너무나 당연한 말일 테지만, 독서는 모든 공부의 출발점이다. 때로는 독서 그 자체가 공부의 과정이 되기도 하며, 또한 다다르고자 하는 목표점이 되기도 한다.

중요한 것은 독서를 통해 새로운 무언가를 발견하고, 얻고, 깨닫고, 변화를 만들어내는 것에 있다. 미국의 사상가이자 문학가 헨리 데이비드 소로는 "한 권의 책을 읽음으로써 자신의 삶에서 새로운 시대를 본 사람이 너무나 많다"고 말했다. 한편 프랑스의 철학가 볼테르는 "아무리 유익한 책이라 할지라도 그 가치의 절반은 독자가 창조한다"고도 했다. 책은 무궁무진한 씨앗을 품고 있되, 그 씨앗을 움트게 하고 꽃피게 하는 힘은 결국 책을 읽는 자기 자신에게 달려 있기 때문이다.

같은 책을 읽고도 어떤 사람은 평범함에 머물러 있고, 어떤 사람은 한 단계 높은 수준으로 도약하고 성장한다. 책을 읽고 그걸로 그치는 사람이 있는가 하면, 책 속에서 얻은 지식을 무궁무진하게 활용하는 사람이 있는 것이다. 무엇이 다른 것일까?

사실 우리는 독서가 얼마나 중요한지 너무나 잘 알고 있다. 그럼에도 불구하고 우리는 여전히 독서의 방법에 대해서는 무지하거나 관심이 없거나 서투르다.

다빈치, 아인슈타인, 존 스튜어트 밀 등 앞서 언급한 이른바 '독서의 고수'들에게는 공통점이 있다. 바로 독서의 방법, 읽기의 기술이다. 그들은 책을 그냥 읽는 것이 아니라 마치 '뜯어내 듯' 읽었다. 자신에게 필요한 깨달음을 구하기 위해 매우 의식적으로 책을 대했을뿐더러 한 문장, 한 구절에 담긴 의미와 가치를 자신의 관점으로 해석하고 궁리했다. 그렇게 함으로써 자신의 수준과 실력을 키웠고 더 높은 경지로 성장해나갔다. 책 속의 '묶인' 공부가 아니라 책 속의 지식을 '끄집어내' 온전히 자신의 것으로 '소화시키는' 능력이 탁월했던 것이다.

이를테면, 아이슈타인은 "나는 똑똑한 것이 아니라 단지 문제를 더 오래 연구할 뿐이다"라고 말했을 만큼, 책을 읽을 때에도 집요했다. 그는 일찍이 아리스토텔레스 논리학에 근거한 사고 훈련을 열심히 했으며, 직장 동료들과 함께 독서모임을 열어 치열하게 토론을 벌이기도 했다. 존 스튜어트 밀 역시 아인슈타인과 비슷했다. 철학, 경제학, 사회과학 분야를 두루 섭렵했던 그는 플라톤이나 데카르트 같은 사상가들의 책을 소화하듯 탐독하며 그들의 능력을 자신의 것으로 만들기 위해 노력했다. 또한 아인슈타인처럼 독서모임을 만들어 하나의 주제를 놓고 결론에 이를 때까지 토론하는 것을 즐기기도 했다.

그들에게는 기본적으로 지식에 대한 호기심과 욕망이 있었고, 자신이 알고 싶은 것에 관해 집중해서 질문해보는 정신이 있었다. 이러한 마음가짐을 지렛대 삼아 책을 대했고, 이를 통해 자신이 얻고자 하는 답을 구했다. 그게 끝이 아니다. 답은 정해져 있는 것이 아니므로, 그들은 주변 사람들과 대화하고 토론하며 기꺼이 또 다른 문을 열었고 생각의 폭을 계속해서 넓혔다.

고수들이 행한 이러한 공부법은 소크라테스식 학습법과도 유사하다. 끊임없이 묻고 답하는 과정을 통해 깨우침을 넓혀가는 것, 나의 뜻을 다른 사람의 뜻과 견주어보는 것, 앎을 통해 자신이 실제로 행해야 할 길을 밝혀나가는 것. 그러다 보면 어느새 자신이 도달하고자 했던 깨달음의 수준에 스스로 다다르게 된다.

사실 오늘날 대부분의 사람들은 스스로든 외부 상황에 의해서든 여러 장벽 앞에 맞닥뜨린다. 빠르게 변화하는 시대 속에서 끊임없이 난제에 부딪히며 막중한 스트레스를 안고 살아가느라 현실적으로 공부의 길은 곳곳이 암초투성이다. 책을 사놓고도 읽지 못하고, 책을 읽어도 금세 잊어버린다는 푸념이 괜한 변명만은 아닐 것이다.

이런 상황에서 우리는 어떻게 책 속에서 공부의 길을 찾을 수 있을까? 이른바 '0.1퍼센트 독서 고수들의 비밀'을 각자 자신의 현실과 상황에 맞게 적용하고 활용할 수는 없을까?

　이 책은 바로 이러한 질문에서 시작된 것이다. 고수들의 독서법을 실천하기 위한 일종의 로드맵으로써 각자의 생활 속에서 유용하게 따라 할 수 있는 방법론을 중심으로 기술되어 있다. 또한 그 방법론에 대해 '책뜯기 공부법'이라는 이름을 붙여 구체적인 가이드를 제시하고 있다.

　'책뜯기'란, 마치 책 속의 내용을 떼어내 맛보고 씹고 삼키듯이 책 속의 지식을 자신의 것으로 온전히 소화시켜내자는 의미를 담고 있다. 책뜯기 공부법에서 중요한 것은, 단순히 많이 읽는 것이 아니라 한 권을 읽더라도 '내 것'으로 만들 수 있느냐에 있다. 단지 내용을 읽고 이해하는 데 그치는 것이 아니라 그것이 자신의 생각으로 확장되고, 결과적으로는 실제 자신을 성장시키는 과정이 돼야 한다는 것을 강조한다. 이 공부법은 혼자서도 실천할 수 있고 토론회를 열거나 모임을 만들어 여러 사람이 함께할 수도 있다.

　중국에서는 이미 직장인들을 중심으로 '책뜯기' 열풍이 불 만큼 이 공부법은 큰 인기를 끌고 있다. 실제로 알리바바나 바이두 등 중국을 대표하는 대기업을 비롯해 많은 기업들 내에 '책뜯기 모임'이 만들어지고 있다.

  이 책의 독자들 역시 '책뜯기 공부법'의 세계를 한번 경험해보길 바라는 마음이다. 왜 읽기에 어려움을 느끼는지 자문해보는 것에서부터 시작해 해결책을 모색하고 구체적인 방법을 찾아 이를 학습하고 실전에서 활용해보길 바란다.

  요컨대, 우리가 이 책을 통해 달성하고자 하는 목표는 일찍이 공부 고수들이 행했던 방법을 현실적으로 응용하고 활용함으로써 궁극적으로 자신의 능력을 향상시켜나가는 데 있다. 이 책에는 바로 그 길로 향하는 실천적이고 실용적인 방법이 담겨 있기 때문에 독자들에게는 그 어떤 책보다 유용한 로드맵이 되어줄 것이라 믿는다. 이 책을 통해 각자 자신이 이루고자 하는 진짜 공부의 길을 찾고 성장해나가기를 바란다. 그럼 이제부터 본격적으로 '책뜯기 공부법'의 세계로 들어가보자.

CONTENTS

들어가며_ 0.1퍼센트 독서 고수들의 비밀 ·· 5

PART1 / 자문
책 한 권 읽는 것이 왜 이렇게 힘들까?

01 / 책 읽을 시간도 여력도 없다 ·· 19
02 / 이해도 힘들고 기억도 안 난다 ·· 24
03 / 처음부터 끝까지 다 읽기가 버겁다 ·································· 30

PART2 / 모색
'읽는 법'을 바꾸면 모든 것이 달라진다

01 / 공부와 학습에 관한 5가지 진리 ································· **41**
02 / 학습 효과를 100배 향상시키는 법 ···························· **45**
03 / '책읽기'에서 '책뜯기'로 ··· **51**
04 / 쉽고 가볍고 효과적으로 읽어라 ·································· **56**
05 / 스스로 '책뜯기 리더'가 되어라 ··································· **63**

PART3 / 방안
스스로 성장하는 공부, '책뜯기' 독서를 하라

01 / 당신은 어느 단계에 서 있는가? ································· **71**
02 / 지금 시대의 가장 중요한 능력 ·································· **82**
03 / 질문을 던지고 본질을 탐구하는 독서 ·························· **85**
04 / 지식을 능력으로 전환시키는 공부법 ··························· **91**
05 / 책뜯기 공부를 위한 3가지 실천방법 ·························· **102**
    실전 사례 1 ·· **111**

PART4 / 학습
뜯어내듯 읽어라, 온전히 내 것으로 소화하라

01 / 도구는 이론을 바탕으로 해야 한다 ·············127

02 / 깊이 체험하고 깊이 사고한다 ·················131

03 / 지식을 나 자신과 연계시킨다 ·················136

04 / 고수의 문제해결 능력을 배운다 ···············141

05 / 지식을 재구성하여 활용한다 ·················144

06 / 귀납적 학습과 연역적 학습을 오간다 ···········147

07 / 내러티브 학습, 체화 학습, 상상 연습을 한다 ·····150

08 / 듣기와 읽기, 유용한 방식을 취한다 ············159

09 / 연결하고 공유하며 상호작용한다 ··············163

10 / 뜯을 수 없는 책은 없다 ····················167

11 / 책뜯기 공부법으로 실전 능력을 길러라 ········175

    실전 사례 2 ·······························180

PART5 / 실천
책뜯기 내공, 함께 쌓으며 함께 성장하라

01 / 훌륭한 '책뜯기 리더'가 되고 싶은가? ·················· **193**
02 / 효과적인 토론을 준비하는 요령 ························· **198**
03 / 실전 책뜯기 토론, 이렇게 진행하라 ···················· **204**
04 / 책뜯기 공부법과 학습형 조직 ··························· **216**
    실전 사례 3 ··· **218**

나가며_ 한 권의 책으로 백 권 이상의 독서 효과를 얻는다 ·········· **223**

PART1 / 자문

책 한 권 읽는 것이
왜 이렇게 힘들까?

대부분의 사람들은 읽는 방법을 배우는 데
오랜 시간이 걸린다는 사실을 모른다.
나는 80년이 걸렸고,
지금도 완전하다고 말할 수 없다.

―요한 볼프강 폰 괴테 Johann Wolfgang von Goethe

01
책 읽을 시간도 여력도 없다

1963년 미시간대학의 하워드 맥클러스키Howard McClusky라는 교육학 교수가 '생존여유 이론Theory of Margin'을 발표했다.

생존여유 이론이란, 간단히 말해 사람은 항상 자신에게 필요한 힘과 자신이 얻을 수 있는 힘 사이에서 균형을 찾으며 산다는 것이다. 자신이 필요로 하는 힘은 '생존부하Load of Life'라고 하고, 자신이 해낼 수 있는 힘은 '생존역량Power of Life'이라고 한다. 생존부하든 생존역량이든 모두 외부 요인과 내부 요인으로 이루어진다.

생존부하의 외부 요인은 주로 '일'에 있다. 일에는 직장에서의 업무와 무보수의 가사노동이 모두 포함된다. 생존부하의 내부 요인은 생활 속에서 끊임없이 확장되는 욕망이다. 집이나 차를 사고 싶어 하는 마음, 승진을 바라는 마음, 마흔 살 이전에 경제적으로 자유로워지기를 바라는 마음 등이다. 한편 생존역량의 외부 요인에는 출신 배경, 인맥, 경제력 등이 있고, 내부 요인에는 개인적인 능력과 경험 등이 있다.

여기에서 한 가지 공식이 등장한다. 생존역량을 생존부하로 나눈 것이 바로 맥클러스키 교수가 강조한 '생존여유'다.

$$\frac{생존역량}{생존부하} = 생존여유$$

예를 들어보자. 지금 당신이 들고 있는 이 책을 보면 각 페이지마다 글자가 채워져 있는 부분이 있고, 글자의 판면을 둘러싸고 있는 여백 부분이 있다. 각 페이지마다 글자가 너무 빼곡하게 들어차 있어 여백 부분이 너무 좁으면 아무래도 답답한 느낌이 들고 읽기에도 피곤하다. 현대 직장인들의 생활이 대부분 이런 상황이다. '여유가 좀 더 있다면 여러 활동에 참여도 하고 다양하게 자기계발을 할 수 있을 텐데' 하고 생각하는 사람들이 많은 것이다.

물론 여백이 너무 많아도 좋지 않다. 책에 여백이 너무 많으면 아무래도 내용이 부실해 보일 수 있다. 사람도 마찬가지다. 생존여유가 너무 많은 사람은 직장에서 하는 일 없이 쓸데없이 책상만 차지하고 있는 직원으로 오해받기 쉽기 때문이다.

중국 남부의 도시에 사는 한 여성이 있었다. 그녀는 대학 졸업 후 국영 기업에 취업했는데 1년 만에 퇴사하고 광저우에 있는 민영 자동차부품 업체로 이직했다. 회사에 뼈를 묻겠다는 각오로 회사 일을 자기 일처럼 여기며 열심히 일했지만, 2~3년이 흐른 후 그녀는 자신의 업무에 만족하지 못하고 또다시 이직을 계획했다.

그녀는 외국계 기업에서 일해보고 싶었다. 가능하다면 첨단 기술을 보유한 세계 500대 기업 중의 한 곳에 취직하고 싶었다. 여러 곳에 이력서를 넣고 몇 단계 면접을 거친 후 그녀는 마침내 미국계 기업에 취직할 수 있었다. 그녀가 맡은 일은 중국 남부 지역에 대한 마케팅 업무였고, 당시 월급은 4000위안(약 70만 원, 중국 대졸자 신입사원의 평균 급여 수준임)이었다. 2년 후 그녀는 승진했고 연봉이 8만 5000위안으로 껑충 뛰었다. 그리고 2년이 더 지난 후 그녀는 30대의 젊은 나이에 이사로 파격적인 승진을 하게 되었고, 연봉은 23만 위안이 되었다.

그녀의 이름은 바로 두라라杜拉拉다. 이는 중국에서 200만 부가 넘게 팔린 초대형 베스트셀러 『두라라 승진기』 속의 이야기다. 공식적인 판매부수가 200만 부이지 사실상 해적판까지 합치면 못해도 1000만 부 가까이는 팔렸을 정도로 큰 인기를 끈 소설이다. 이 책을 원작으로 영화와 TV드라마가 만들어지기도 했을 정도다.

이 책의 표지에는 "그녀의 이야기는 빌 게이츠의 성공신화보다 더 유용한 참고자료다!"라는 문구가 적혀 있다. 이 책의 주요 독자층인 직장인들에게는 빌 게이츠보다 평범한 여성 두라라의 성공담이 더 현실성 있게 다가왔을 것이다. 실제로 그녀의 성공스토리는 대학동창 모임에서 한 번쯤 들어보았을 법한 이야기이기도 하다.

두라라는 든든한 배경이 없는 평범한 대졸 여성이었고, 오로지 자신의 힘으로 말단 직원부터 차근차근 올라갔다. 그녀에게는 딱히 내세울 만한 외부 생존역량이 없었지만, 빠른 눈치와 타고난 성실함으로 열심히 일해 빠른 시간 내에 노련한 업무 능력과 경험을 쌓았다. 그녀의 내부 생존역량이 강했던 덕분이다. 문제는 그녀의 생존부하가 생존역량보다 더 컸다는 사실이다. 외부 생존부하는 과도한 업무 스트레스였고, 내부 생존부하는 승진과 연봉 인상에 대한 갈망이었다. 그녀가 거의 매일같이 밤

늦도록 야근을 할 수 있었던 것도, 엄청난 양의 업무 강도를 견뎠던 것도 그 때문이었다.

생존부하가 생존역량을 훨씬 뛰어넘었으므로 두라라에게는 생존여유가 부족했다. 여기에서 큰 딜레마가 생겨난다. 업무에 대한 욕심이 크고 미래에 대한 기대가 클수록 공부와 자기계발의 필요성은 더 커진다. 그런데 그로 인해 스트레스가 커지면서 생존여유가 줄어들기 때문에 공부와 자기계발은 불가능해진다. 아무리 능력 계발을 위해 강의를 듣고 전문자격증을 따고 싶다 해도 공부할 여력이 없고 책 한 권 읽을 시간조차 내기 어렵다.

지금 당신의 상황은 두라라보다 얼마나 더 나은가?

02
이해도 힘들고 기억도 안 난다

"책을 읽어도 결국 잊어버린다, 남는 게 없다"고 말하는 사람들이 많다. 그런데 책의 내용을 전부 이해하고 외운들 그것으로 무엇을 할 것인가? 책의 저자가 당신에게 상을 줄 것도 아니고, 당신에게 만점을 줄 선생님이 있는 것도 아니다.

　책을 읽고 내용을 기억하거나 암기하는 것은 새로운 지식을 배우고 시험을 보기 위해서는 유용한 방법일 수 있다. 일반적으로 우리는 학교에서 그렇게 공부해왔다. 하지만 여기서 말하고자 하는 공부는 단순히 이해나 암기, 시험을 위한 것이 아니다.

　내용을 이해하고 외우는 공부에서는 책이 공부의 주체가 된다. "그게 잘못된 건가?"라고 반문하는 사람들이 있을 것이다.

물론이다. 공부의 주체는 책이 아니라 학습자, 바로 자기 자신이어야 한다.

사전 한 권을 달달 외우면 그 외국어를 마스터하게 되는가? 그렇지 않다. 마찬가지로 『피터 드러커의 자기경영 노트』를 다 암기했다고 해서 훌륭한 경영자가 될 수는 없다.

저명한 교육가 코스타스 크리티코스 Costas Criticos 는 "경험 자체가 가치가 있는가? 그렇지 않다. 진정으로 가치 있는 것은 경험을 돌이켜보고 사색한 후에 얻어지는 지적 발전이다. 효과적인 학습은 적극적인 경험이 아니라 효과적인 사고다"라고 말했다. 마찬가지로 독서 자체가 가치를 만들어낼 수는 없으며 지식을 이해하고 암기하는 것만으로 가치가 창출되는 것도 아니다. 진정한 가치는 행동을 수정할 때 비로소 창출된다. 행동의 변화는 책에서 읽거나 누구에게 들은 지식을 자신의 경험과 결합시켜 사색할 때 가능해진다.

작은 실험을 한 가지 해보자. 앞서 언급했던 『두라라 승진기』의 다음 대목을 읽어보자. 1분이면 읽을 수 있는 짧은 단락이다.

라라는 리원화가 자신에게 도움이 되었다는 사실이 썩 유쾌하지 않았다. 그녀가 볼 때 리원화가 자신에게 이러쿵저러쿵 잔소리를 하고 지적했던 것은 그의 신경질적인 성격 때문이었지 일의 체계적인 관리를 위한 것은 아니었다. 어쨌거나 라라는 자신의 동료들에게 감사 표시를 하는 한편 부담감도 주어 앞으로 자신에게 더 많은 도움을 줄 수 있게 만들기로 했다.

라라는 업무 목적, 업무 내용, 협조자, 효과 이렇게 4가지 항목으로 나누어 깔끔한 표를 이용해 정리보고서를 작성했다. 쉽게 말하자면 누가 그녀의 업무에 어떤 영향을 주었는지 정리한 것이었다.

라라는 이 보고서를 상사인 리스터와 동료인 왕홍, 리원화에게 메일로 보냈다. 리스터에게는 자신이 얼마나 발전했는지 보여주고, 왕홍과 리원화에게는 그들이 자신의 성장에 어떤 도움을 주었는지 알려주기 위해서였다.

리스터는 이 보고서를 보고 2가지 사실을 알게 되었다. 하나는 라라가 빠르게 성장했다는 것이고, 다른 하나는 왕홍이 라라에게 거의 도움을 주지 않았다는 점이다.

당신은 이 단락을 읽고 어떤 생각이 드는가? 특별히 무언가를 더 생각하게 만드는 문제나 어떤 화두가 담긴 것은 아니라고 생각할 수 있다. 내용을 이해하기 위해 애써 노력하거나 암기가 필요한 성격의 글도 당연히 아니다.

그러나 '나 자신'이 주체가 되는 독서라면 이 짧고 사소한 단락에서도 생각해볼 거리는 충분히 생길 수 있다. 강조컨대, 자기 자신이 주체가 되는 독서의 목적은 자신의 능력을 향상시키고 행동을 변화시키는 것에 있다.

다음은 실제 한 회사의 책뜯기 모임에서 실시했던 토론 기록의 일부다. 참고하는 차원에서 한번 살펴보도록 하자.

/ 해석 I /

책뜯기 리더   두라라에 대해 어떻게 생각하느냐고 물으면 "프로페셔널하다" "잔꾀가 있다" "똑 부러진다" 등의 대답이 나옵니다. 저는 이런 생각을 해봤으면 합니다. 직장에서 두라라처럼 인정받는 사람들의 특징은 무엇일까요? 직장에서 동료나 상사, 고객들에게 어떻게 하면 능력이 있다는 인상을 줄 수 있을까요? 어떤 현상이나 사안을 관찰할 때 예리하게 분석하고 판단한다면 주변 동료들에게 능력이 있다는 평가를 받을 수 있습니다. 『두라라 승진기』의 이 단락에서도 두라라의 그러한 면모가 잘 드러나고 있습니다.

동료에게 불만이 있을 때 이것을 어떻게 상사에게 전달해야 할까요? 회사의 제도나 정책이 불합리할 때 어떻게 상사에게 이 의견을 전해야 할까요? 불만을 참거나 아니면 직접적으로 자기 의견을 표출할 수도 있습니다. 그러나 그 방식이 과연 효과적일까요?

감정을 분출하면 대부분의 경우 기대한 효과를 얻을 수 없습니다. 상대방은 당신이 주관적이고 편협하다고 생각할 것입니다. 그러므로 주관적인 생각보다는 객관적인 사실을 이야기하는 것이 더 효과적입니다. 또한 사실을 이야기할 때에는 디테일한 부분까지 언급해야 합니다. 디테일한 이야기가 사람의 마음을 움직일 수 있습니다. 우리가 두라라에게서 배울 점은 사실을 바탕으로 디테일을 소홀히 하지 않았다는 것입니다.

/ 활용 A /

학습자 1   며칠 전 제가 맡은 프로젝트에 문제가 생겨 기한을 연기해야 하는 상황이 발생했습니다. 그래서 상사에게 프로젝트 추진에 문제가 생겨 기한 내에 완성할 수 없다고 보고했습니다. 그런데 지금 생각해보니 제 방법이 틀렸던 것 같습니다. 상사는 우리가 노력하지 않았거나 능력이 부족해서 기한 내에 완수하지 못하는 것이라고 생각했을 것입니다. 저는 상사에게 프로젝트가 어떤 문제에 봉착했는지 구체적으로 설명하고 원인을 자세하게 설명했어야 합니다. 발생할 수 있는 문제점을 통제 가능한 것과 통제 불가능한 것, 예측할 수 없는 것으로 나누어 설명하고 우리가 현재 예측하지 못한 문제에 부딪혔음을 설명했더라면 훨씬 좋았을 것이라는 생각입니다.

학습자 2   영업사원들은 자기 회사 제품이 좋다고 입이 마르도록 칭찬합니다. 자기 회사의 제품을 구매한다면 절대 후회하지 않을 거라고 장담하죠. 하지만 그것만으로는 고객의 마음을 움직일 수 없습니다. 제품이 얼마나 좋은지 구체적인 자료와 수치를 들어 설명해야 고객을 설득할 수 있습니다. 예전에 한 판매왕을 만난 적이 있는데 그는 이야기의 고수였습니다. 그는 제품을 판매할 때 고객에게 자세히 설명해주는 것이 자신의 큰 노하우라고 말했습니다.

책 속의 사소한 한 단락일지라도 그 속에서 질문을 던져보고 숙고하는 과정을 갖는 것은 그렇지 않은 경우와 차이가 매우 크다. 여기서 중요한 것은 책의 내용을 이해하는 것이 아니라 자신의 경험과 연결시키는 것이다. 또 책의 내용을 기억하는 것보다 그 지식을 자신의 일과 생활에 활용하는 것이 더 중요하다.

책뜯기 공부법은 어떤 책의 어떤 대목에서든 "그래서?"라고 되묻고 따져볼 수 있는 학습법이다. 단순히 읽기에서 끝나는 것이 아니라 '읽고, 해석하고, 활용한다'는 세 단계를 거치는 것이다. 이 세 단계에 대해서는 뒤의 2장 내용에서 더 자세히 다루도록 하겠다.

03
처음부터 끝까지 다 읽기가 버겁다

책 한 권을 몇 번이나 펼쳐들었다가 중간에서 포기한 적이 있는가? 책 한 권을 끝까지 읽지 못했다는 생각에 자책해본 적이 있는가?

미국에서 1972년 출간된 모티머 애들러 Mortimer J. Adler 의 책 『독서의 기술』이 전 세계적으로 베스트셀러가 되어 지금까지 팔리는 것은 이런 자책감을 느끼는 사람들이 많기 때문일 것이다. 돈을 주고 산 책을 다 읽지 못했다는 자책감에 괴로워한 많은 이들이 이 책 안에서 문제의 해결방법을 찾고 싶었던 것이다. 지금 당신은 어떠한가? 여전히 다 읽지 못한 책 때문에 민망하고 부끄러운가?

—모티머 애들러, 『독서의 기술』 중에서

책을 사는 것은 재산을 사는 것이다. 값을 지불하고 옷이나 가구를 사는 것과 같다. 그러나 책의 경우 돈을 내고 구매하는 행위는 그 책을 진정으로 소유하기 위한 전주에 불과하다. 완전한 소유는 그 책을 나의 일부로 만들었을 때 비로소 가능하다. 내가 책의 일부가 되기 위한 최고의 방법은—책이 나의 일부가 되는 것과 내가 책의 일부가 되는 것은 똑같은 일이다—바로 메모하는 것이다.

메모가 습관이 된 사람들에게 책 앞부분의 빈 책장은 매우 중요하다. 어떤 이들은 이 책이 자신의 소장도서임을 표시하기 위해 여기에 도장을 찍기도 하지만 이는 이 책의 재무적인 소유권을 표시할 뿐이다. 책 앞부분의 빈 책장은 자기 생각을 메모하기에 가장 좋은 자리다. 책을 다 읽은 후 맨 뒷부분의 빈 책장에 자기만의 색인을 적은 다음 다시 맨 앞으로 돌아와 책의 대략적인 내용을 메모한다. 책의 모든 내용을 자세히 적을 필요는 없다(이것은 책 뒷부분의 빈 책장에 이미 적었다). 책의 전체적인 개요를 적고 각 장별 순서를 차례로 기록해도 좋다. 이것은 내가 이 책을 온전히 이해했는지 확인하기 위한 과정이며, 도장을 찍는 것과는 달리 이 책의 지적인 소유권을 가졌음을 의미한다.

『독서의 기술』은 우리에게 "책을 다 읽는다는 것은 무엇인가?"라고 묻고 있다. 모티머 애들러가 말한 것처럼 책의 마지막에 자기만의 색인을 적고 맨앞에는 책의 전체적인 틀을 정리하고 중간에는 내용의 구조, 개념을 메모해놓았다면 그 책을 다 읽었다고 할 수 있을 것이다.

그런데 나는 첫 페이지부터 마지막 페이지까지 다 읽을 필요는 없다고 생각한다. 책을 온전히 소화했는가의 여부는 책에 쓰인 글을 다 눈에 담는가에 있는 것이 아니기 때문이다.

미국 드라마 「빅뱅이론」을 보면 페니라는 여자가 물리학 박사 샐던에게 물리학에 대해 묻는 장면이 나온다. 페니는 남자친구 레너드와의 공통 관심사가 없어 고민하다가 그가 하고 있는 입자물리학 실험에 대해 조금이라도 알기 위해 이웃에 사는 물리학 박사를 찾아가 물었던 것이다. 이 물리학 박사는 고대 그리스의 밤에서부터 이야기를 꺼낸다.

"이것이 우리가 함께할 2600년 여정의 시작이야. 고대 그리스인부터 아이작 뉴턴과 닐스 보어, 에르빈 슈뢰딩거를 거쳐 마지막으로 네 남자친구 레너드가 연구하고 있는 네덜란드의 학자들까지……."

물리학을 이해하기 위해 고대 그리스에서부터 시작된 그 모든 이야기를 꿰뚫는다? 물론 그것은 가장 체계적이고 완벽한 공부일 것이며, 그야말로 연구형 학습법이자 가장 책임감 있는 공부법이 될 것이다. 그러나 그것이 실용적인 공부법은 아니다.

컴퓨터 사용법을 알기 위해 어셈블리어나 C언어부터 배울 필요는 없다. 필요에 따라 이메일을 보내고 메신저를 사용하거나 문서를 작성하는 등 실용적인 목적에 따라 접근하며 익히면 된다. 마찬가지로 페니도 한 학기 분량에 달하는 물리학의 체계를 공부할 필요는 없었다. 색인이나 개요를 정리할 필요도 없고, 심지어 책 전체를 다 읽을 필요도 없다. 그저 남자친구가 얼마나 대단한 연구를 하고 있는지 알기만 하면 그걸로 충분했다.

셜록 홈스 시리즈 중 『주홍색 연구』를 보면, 의사 왓슨은 셜록 홈스가 지구가 태양 주위를 돈다는 사실조차 모르는 것을 알고 경악한다. 그러자 홈스는 사람의 두뇌 용량에는 한계가 있기 때문에 자신은 필요한 지식이 들어가야 할 곳에 불필요한 지식을 집어넣지 않는다면서 이렇게 말한다.

"그게 나와 무슨 상관이지? 지구가 태양 주위를 돈다고? 설령 지구가 달 주위를 돈다 한들 내 일은 아무것도 달라지는 게 없네."

다시 한 번 강조컨대, 나는 책 한 권을 처음부터 끝까지 반드시 다 읽어야 한다고 생각하지 않는다. 어떤 분야의 어떤 책이든 그 속에서 배울 수 있는 지식은 아주 많다. 그러나 그중에는 굳이 내게는 필요 없는 지식들도 상당 부분을 차지하고 있다. 이것이 바로 책 한 권을 다 읽을 필요가 없는 첫 번째 이유다.

두 번째 이유는, 많이 읽을수록 그에 비례해 반드시 지식도 느는 것은 아니라는 점이다. 가장 최근에 끝까지 다 읽은 책을 떠올려보라. 그 책이 당신에게 어떤 지식을 얼마나 주었는가? 가령 지금까지 읽은 책 중 가장 두꺼운 책이 당신에게 가장 많은 가치를 창출해주었는가? 이에 대한 대답은 아마도 "꼭 그렇지는 않다"일 것이다. 실제로 얼마나 많은 지식을 활용하는가와 책을 얼마나 읽었느냐는 별개의 문제다.

세 번째 이유는, 아무리 사소한 일부분일지라도 실제로 그 책의 내용을 활용했다면 그것만으로도 책이 창출한 가치는 책값보다 훨씬 크다는 점이다. 나는 솔직히 말해서 사람들이 고깃값이 비싸다고 하는 것은 이해할 수 있어도 책값이 비싸다고 불평하는 것은 이해할 수 없다. 물가가 고삐 풀린 말처럼 치솟고 있는 요즘 수익률이 가장 높은 투자가 바로 자기계발을 하는 것이다. 그중에서도 가격대비 효과가 가장 높은 방법이라면 나는 단연코 책이라고 생각한다.

오늘날 직장인들은 생존여유가 많지 않다. 그렇다면 투자수익률이 가장 높은 공부법을 선택해야 한다. 이동 중 차안에서, 잠자리에 들기 전 침대에서, 화장실에서 몇 페이지 넘겨볼 수도 있는 방법을 말이다. 송나라 때 정치가 겸 문인 구양수歐陽脩는 "나는 평생 세 곳 위에서 책을 읽고 공부했으니, 그곳은 바로 마상馬上, 침상枕上, 측상厠上이다"라고 말했다. 말을 타고 다닐 때, 잠자리에 들 때, 화장실에 있을 때라는 뜻이다.

이처럼 짬을 내 책을 읽다가 자신의 일이나 생각을 떠올리게 하는 부분이 있다면, 잠시 책을 덮고 그것을 어떻게 활용할 것인지 곰곰이 생각해볼 수 있다. 정말 사소한 것이라도 상관없다. 생각하는 그 자체로, 활용해보는 그 자체로 충분히 의미가 있기 때문이다. 다음은 그 작은 예다.

/ 독서 R /

— 톰 피터스, 『경영 창조』 중에서

감사카드 쓰는 것을 잊지 마라. 이 말이 이 책에서 가장 중요한 충고다. 이 말을 잘 기억했다면 이제 책을 휴지통에 던져버려도 좋다. 이미 책값을 10배로 회수했다(아니 1만 배일 수도 있다). 고마움을 표현하는 것은 다른 것과는 비교할 수 없는 위력을 가지고 있다.

/ 활용 A /

어제 샘플 검수 때문에 야근을 할 때 나를 도와준 동료가 있다. 그에게 이메일을 보내 고마움을 표시해야겠다. 그의 상사의 메일주소도 참조에 써서 함께 보내야겠다.

책 읽기의 어려움을 토로하는 이유는 앞에서 짚어본 것처럼 시간과 여유가 없는 현실적 상황, 내용을 이해하고 숙지해야 한다는 부담감, 끝까지 다 읽어야 한다는 책임감 등 여러 가지가 있다. 이러한 어려움을 넘어서서 독서를 통해 자신의 능력을 향상시키는 길로 들어서기 위해서는 지금까지와는 다른 공부법을 익혀야 한다. 누구나 쉽게 따라 할 수 있도록 하려면 공부법은 다음과 같은 전제조건을 갖춰야 한다.

첫째, 생존부하를 가중시키지 않아야 한다. 반드시 많이 읽어야 할 필요도 없고, 책 한 권 전체를 다 읽을 필요도 없다. 책을 한꺼번에 다 읽지 않고 자투리 시간을 이용해 읽어도 된다. 한마디로 부담 없고 효과적이어야 한다. 둘째, 책이 중심이 아니라 학습자가 중심이 되어야 한다. 셋째, 지식 정리나 암기가 아니라 실제적인 활용과 행동 변화에 중점을 두어야 한다.

책뜯기 공부법이 바로 이러한 학습법이다. 어렵지 않고 부담

없으며 효과적인 독서를 통해 책 속의 지식을 십분 활용하고 이를 통해 자신의 능력을 향상시킬 수 있도록 이끈다. 혼자서도 적용할 수 있고, 독서모임을 열어 다른 사람들과 토론을 해볼 수도 있다. 나의 생각과 다른 사람의 생각을 견주고 서로의 사례를 공유하다 보면 실전에서 활용할 수 있는 길이 더욱 넓어질 것이다.

책뜯기 공부법의 개념과 방법에 대해서는 앞으로 더 자세히 설명하겠지만, 이 방법을 익힌다면 누구나 '책뜯기' 고수가 될 수 있다. 이 책값의 수십 배에 달하는 강의를 수강하는 것보다 더 유익한 가치를 얻을 수도 있을 것이다.

PART2 / 모색

'읽는 법'을 바꾸면
모든 것이 달라진다

세상은 당신이 생각하는 것보다 훨씬 광범위하며
그 세계는 책에 의해 움직이고 있다.

―볼테르 Voltaire

01

공부와 학습에 관한 5가지 진리

어떻게 공부하고 학습하는 것이 가장 효과적이라고 말할 수 있을까? 이에 답하기에 앞서, 교육에 관한 이론적 배경을 잠시 살펴보자.

미국의 저명한 교육학자인 말콤 노울즈 Malcolm Knowles 는 1970년대에 아동학습자와 성인학습자의 특성을 구분하고, '성인들의 학습을 도와주는 학문'으로서의 성인교육학의 개념을 제시했다. 유클리드 기하학이 5가지 공리公理 위에 세워졌듯이, 성인교육학의 체계도 다음과 같은 5가지 공리를 바탕으로 하고 있다.

자아 추구

사람은 성숙해질수록 자아에 대한 개념이 의존형에서 자아추구형으로 바뀐다. 성인이 자아추구형으로 바뀐다는 것은 성인학습자가 스스로의 판단에 의해 공부를 계획하고 참여하고 실천하며 자신의 학습 경험을 평가한다는 것을 의미한다.

그러므로 효과적인 성인학습의 경우 수동적으로 받아들이는 공부보다는 자발적으로 참여하는 공부를 더 강조한다. 교사가 열정적으로 강의하고 학생들이 진지하게 경청하는 훈련이 아니라 상호작용과 참여를 강조하는 워크숍이 성인학습에 더 적합하다. 또한 인정받고 존중받을 수 있는 학습 분위기가 중요하며 상호 교류와 공동 탐색을 장려한다.

경험과의 연계

성인은 청소년보다 훨씬 다양하고 풍부한 경험을 가지고 있으며, 경험의 폭은 계속 늘어난다. 이런 경험들이 모두 훌륭한 학습 자원이 되며, 이를 통해 자기 자신은 물론 타인의 성장에도 도움을 주는 것이다.

그러므로 학습자의 경험을 충분히 이용할 수 있어야만 효과적인 공부법이라고 할 수 있다. 경험을 이용하면 공부할 수 있는 방법도 훨씬 많아지며, 공부하기도 훨씬 수월해진다.

실천 강조

공부에 대해 얼마나 열의와 능력을 가지고 있는지에 따라 그 효과도 결정된다. 열의와 능력을 합쳐 공부에 필요한 준비 상태, 즉 '준비도Readiness'라고 부른다. 성인학습의 경우 이 준비도가 실용성에 맞춰져 있다. 공부 내용이 학습자의 사회적 역할, 지위, 직면한 문제 등과 연관되어 있을수록 준비도가 높아진다. 그러므로 공부 내용을 선택할 때에는 '실제로 쓸 수 있는가'를 제일 먼저 고려해야 하며 공부 효과를 판단하는 기준 역시 '실제로 활용했는가'에 있다.

실제 문제의 해결

성인은 당장 응용할 수 있는 실전 지식을 얻기 위한 공부를 더 중시하게 된다. 그러므로 성인학습은 교과 중심의 공부가 아니라 문제 중심의 공부가 되어야 한다. 성인학습에서는 심오한 이론이나 완벽한 체계, 자세한 논증을 엄격하게 요구하지 않고 당면한 문제를 해결할 수 있으면 그것으로 충분하다.

내부의 원동력

성인의 경우 외부적인 요인(시험, 검증, 자격증 취득 등)보다 내부적인 요인(문제해결, 실력 향상, 자아실현에 대한 욕구)이 원동력이 되어 공부하는 경우가 많다.

자신의 공부 방식은 어떠한가? 공부와 학습에 관한 이 5가지 공리에 부합하는가? 책뜯기의 방법론은 이 5가지 공리를 기초로 고안되었다. 책뜯기 공부법을 활용하면 책의 전체 줄거리를 파악하고 논리를 도출해내기 위해 머리를 싸매지 않아도 된다. 이 공부법은 스스로 활용할 수 있는 지식을 원하는 성인들에게 적합한 방법이다.

02
학습 효과를 100배 향상시키는 법

지금 당신이 가장 공부가 필요하다고 느끼는 주제가 무엇인가? 기획, 마케팅, 리더십 등 자신의 일과 관련된 분야일 수도 있고, 인문학, 철학 등 교양과 관련된 주제일 수도 있을 것이다.

어떤 주제든 일단 공부하겠다고 마음먹고 이를 실천으로 옮긴다고 할 때 가장 쉽게 선택할 수 있는 길은 해당 주제와 관련된 책을 사서 공부하는 일이다. 그러나 앞에서도 이미 문제점을 짚어봤듯이, 마음먹고 책을 몇 권씩 사서 공부를 시작한다고 해도 원하는 결과로 이어지기까지는 쉽지 않은 여러 난관들이 있다.

공부가 필요한 주제와 관련된 강좌나 강의 프로그램을 수강해볼 수도 있다. 물론 강좌 수강료는 책값에 비해 훨씬 비싸다. 적게는 몇 배, 많게는 수십 배의 비용을 지불해야 할 수도 있다. 그럼에도 강좌를 들으며 현장에서 배우는 것이 책을 읽는 것보다 실은 더 효과적이라는 의견이 지배적이다. 책의 내용과 강연의 내용이 같다고 하더라도, 잘 기획된 강연을 듣는 것이 혼자서 책을 읽는 것보다 더 효과적일 수 있는 것은 어쩌면 당연한 일이다.

그렇다면 책을 읽을 때에도 잘 기획된 강연을 듣는 것처럼 할 수는 없을까? 강연 프로그램에서 공부 효과를 촉진하는 요인들을 분리해 응용한다면, 비용은 줄이고 효과는 더 높이면서 선택의 폭은 더 넓힐 수 있지 않을까?

우선, 책과 강연 프로그램의 차이를 간단한 도식으로 표현해 보자.

책 = 핵심지식 + 문서 표현

강연 프로그램 = 핵심지식 + 구두 표현 + I

책 + I = 강연 프로그램

책과 강연의 내용이 되는 핵심지식은 동일하다고 할 때, 그

차이는 위에서 보는 것처럼 'I Interpretation (해석)'에서 나온다. I가 바로 강연 프로그램이 갖고 있는 학습촉진 요인이라고 볼 수 있다. 그럼 구체적으로 I는 무엇을 말하는 것일까?

혼자 책을 읽고서도 강좌를 듣는 것만큼 큰 효과를 거두는 공부의 고수들도 물론 있다. 그들은 공부하는 습관을 가지고 있기 때문에 자기도 모르는 사이에 I를 갖추게 된 것이다. I를 가진 사람은 독서를 통해 얻은 지식을 자신의 실력으로 승화시키는 능력이 있는 셈이다. 그리고 이런 능력이 바로 진정한 학습 능력이다.

말콤 노울즈가 제시한 공부와 학습의 5가지 공리에 비추어 강연 프로그램의 I에 대해 생각해보자.

첫째, 자아 추구. 강사는 강의 주제에 대해 학습자들이 가지고 있는 지식, 경험, 문제점, 기대 등을 자세히 연구하고 이를 기초로 프로그램을 짠다. 학습자는 강의를 듣는 동안 자신이 관심 있는 문제에 대해 언제든 질문을 던지며 이야기할 수 있고 강의 후에는 그동안 배운 것들을 평가할 수 있다.

둘째, 경험과의 연계. 학습자가 자신이 과거에 했던 방식과 경험을 떠올려 비판적으로 성찰하고 과거의 경험을 가공한다. 학습자는 강연 현장에서 여러 과정을 통해 자신의 성향과 습관을 정확하게 파악하고 자기의 수준과 타인의 수준 차이를 확인할 수 있다.

셋째, 실천 강조. 강연 프로그램에 참여한 학습자들은 소규모 토론, 강사와의 상호 소통, 공개적인 발표 등을 통해 핵심지식을 활용하는 과정에 참여하게 된다.

넷째, 실제 문제의 해결. 강사는 학습자가 자신의 구체적인 문제를 발표하고 배운 지식을 응용해 문제를 실제로 해결하는 방법에 대해 토론할 수 있도록 유도한다. 학습자가 강의에서 배운 지식들을 생활 속에서 응용하고 더 나아가 학습자 스스로 상세한 실천 계획을 세울 수 있게 하는 것이다.

다섯째, 내부의 원동력. 강연 프로그램에서는 강사가 에피소드, 동영상 등 다양한 수단을 동원해 학습자들의 오감을 자극함으로써 학습의 흥미를 북돋우는 동시에 학습자의 이해와 사고를 돕는다.

강연 프로그램이 독서보다 더 큰 효과를 낼 수 있게 하는 I는 이처럼 학습의 5가지 공리와 특징이 세심하게 반영된 것이다. 강연 프로그램이 학습에 효과적인 이유를 다시 정리해보면 다음과 같다.

I = 학습자 중심 + 경험 회상 + 동기 부여 + 활용 촉진

I는 지식을 더 쉽게 이해할 수 있도록 한다(체험).
I는 지식과 경험을 연계시킬 수 있도록 한다(사고).
I는 지식을 더 쉽게 활용할 수 있도록 한다(체험).
I는 지식을 더 쉽게 기억하도록 한다(사고).
I는 지식을 행동으로 옮길 수 있도록 한다(체험).
I는 학습 후 평가를 받을 수 있도록 한다(사고).

이처럼 I가 덧붙여지면 학습자는 체험과 사고의 반복을 통해 지식을 자신의 능력으로 바꾸고 행동을 수정함으로써 실제 생활 속에서 활용할 수 있다. 체험과 사고는 서로 보완 및 촉진 작용을 일으키는데, 이 반복이 진행되는 과정을 'A Application(활용)'이라고 한다.

A = 체험 + 사고

I는 학습자의 체험과 사고를 돕고 지식을 실제로 활용함으로써 실력을 향상시키고 행동을 변화시킬 수 있도록 하는 역할을

한다. 과학자들이 화학적인 방법으로 비타민C를 합성해냄으로써 우리가 비타민C를 흡수하기 위해 굳이 오렌지나 레몬을 먹을 필요가 없는 것처럼, 다른 방법으로 I를 만들어낸다면 강연 프로그램이 아니더라도 다른 방법을 선택할 수 있는 것이다. 그 효과적인 학습 방법이 바로 책뜯기 공부법이다.

03
'책읽기'에서 '책뜯기'로

책뜯기 공부법은 1장에서 이야기한 읽기의 문제점을 해결하기 위해 학습자 중심으로 고안한 학습법이다. 무엇보다 학습자가 지식을 활용할 수 있도록 하는 데 초점을 맞추고 있다. 어떻게 해야 지식의 활용이 가능할까?

 우선 핵심지식이 담겨 있는 책이 필요하다. 그리고 I의 역할을 수행하며 학습자의 활용(A)을 이끌어줄 사람만 있으면 된다. I의 역할을 하는 사람은 이를테면 '책뜯기 리더'다. 책뜯기 리더와 학습자는 각기 다른 사람일 수도 있지만, 학습자 스스로가 책뜯기 리더가 될 수도 있다. 독서Reading, 해석Interpetation, 활용Application이라는 R-I-A의 단계를 모두 갖추기만 한다면, 혼자서 실천하든 여럿이 모여서 실천하든 같은 효과를 얻을 수 있다.

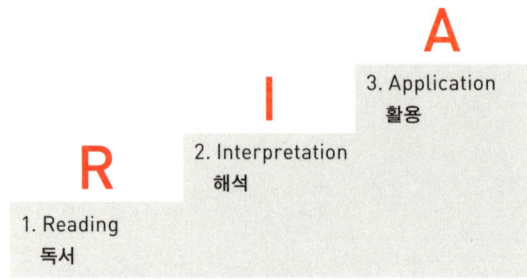

다음의 사례를 통해 책뜯기 공부법의 세 단계에서 이뤄지는 각각의 특징을 한번 확인해보자. 아래의 책은 엘리엇 애런슨Eliot Aronson의 『사회심리학』 중 한 단락이다.

/ 독서 R /

— 엘리엇 애런슨, 『사회심리학』 중에서

사회적 영향에는 순종, 일체화, 내재화 3가지가 있다. 순종은 칭찬을 받거나 처벌을 피하기 위해 하는 행위다. 순종에서 가장 중요한 요소는 권력이다. 일체화는 개인과 영향을 주는 사람의 바람이 일치하는 것으로 이를 통해 상호가 만족스러운 관계를 맺는다. 일체화에서 가장 중요한 요소는 유도. 내재화는 개인이 영향을 주는 사람의 가치체계를 특정한 신념처럼 받아들이는 것이다. 내재화에서 가장 중요한 요소는 신뢰다.

/ 해석 I /

판매란 판매자가 구매자에게 영향을 미치는 행위라고 할 수 있습니다. 또 반대로 보면 구매 행위의 본질은 구매자가 판매자에게 영향을 미치는 것입니다. 양쪽이 각각 어떤 유형의 사회적 영향을 미칠 수 있을까요?

구매자가 "내 조건을 받아들이지 않아도 상관없어요. 다른 판매자에게 가면 그만이니까요"라고 말한다면 이것은 무엇으로 판매자에게 영향을 미치려는 것일까요? 바로 권력입니다. 구매 여부를 결정하는 권력이죠.

구매자가 "원가는 보장해주겠어요. 수건 한 장의 생산원가가 1.21위안이더군요. 그러니까 장당 1.25위안씩 줄게요. 물론 마진이 너무 적다는 건 알아요. 하지만 내가 당신이 만드는 수건을 산다는 게 알려지면 사람들은 분명히 당신이 만든 수건의 품질을 인정할 거예요"라고 말한다면 어떨까요? 이런 구매자가 있을까요? 물론입니다. 월마트나 까르푸가 그렇죠. 이것은 무엇으로 영향을 미치는 걸까요? 바로 상대방에 대한 '일체화'입니다. 핵심은 구매자의 흡인력이죠.

구매자가 "우리가 조사한 바에 의하면 올해 이런 디자인의 구두가 유행할 것입니다"라고 말했습니다. 그런데 지난 몇 년간 그의 이런 예측이 모두 들어맞았다면 판매자는 그의 말을 믿을 것입니다. 이것이 바로 사회적 영향 중 세 번째인 '내재화'입니다.

여기에서는 자신이 판매자로서 무엇으로 구매자에게 영향을 미쳤는지 생각해봅시다. 그러면 고객에게 더 효과적으로 영향을 미칠 수 있는 방법을 찾을 수 있을 것입니다.

/ 활용 A /

학습자 1   저는 주로 권력을 이용합니다. 판매할 때 어떤 도매상에게 판촉물을 더 많이 줄 것인지 결정할 수 있죠. 월말 매출을 정산하면서 매출이 적은 도매상에게 다음 달에 매출이 늘어나면 판촉물을 더 주겠다고 말하기도 해요. 그렇게 하면 대부분은 판촉물을 받기 위해 제게 주문량을 늘리죠. 이것이 도매상들을 '순종'하게 만드는 예라고 생각합니다.

학습자 2   우리는 고객들을 불러 제품설명회를 합니다. 설명회에 기존 고객들이 나와 우리 제품을 사용한 소감을 이야기합니다. 기존 고객이 연달아 세 명 정도 나와서 우리 제품의 장점을 이야기하면 설명회에 참석한 고객들이 공감하고 우리 제품에 호감을 갖게 됩니다. 이것이 고객을 '일체화'시키는 예라고 생각합니다.

학습자 3   저는 영업직에서 일한 지 10년이 넘었습니다. 제 고객들은 저와 이야기 나누는 것을 좋아해요. 제가 고객들에게 조언을 하고 아이디어를 내놓기 때문이죠. 얼마 전에 한 식당을 운영하고 있는 고객이 제게 전화를 걸어와 사천 음식점을 그만두고 죽 전문점을 열고 싶다면서 제 의견을 물었습니다. 제 의견을 이 정도로 신뢰하는 고객이라면 저를 다른 경쟁상대와 비교하지 않을 거예요. 이게 바로 내재화라고 생각합니다.

위의 사례에서처럼 책뜯기 공부법은 책 한 권의 내용을 다 읽지 않아도, 몇 페이지 혹은 몇 단락으로도 충분히 실천해볼 수 있다. 책뜯기 리더는 책 속의 내용을 이야기하고 해석한 후에 학습자들에게 자기 경험을 발표하도록 유도한다. 학습자는 책 속의 지식을 이해하고 자신의 경험과 연결시켜 사례를 발표한다. 이 과정에서 지식에 대한 체험과 자기 경험에 대한 사색이 이루어진다.

독서모임에서 책뜯기 공부법을 실천한다면 학습자는 책뜯기 리더가 유도하는 대로 따르면 되고, 혼자서 책을 읽는다면 '내가 판매자로서 구매자에게 어떻게 영향을 미쳤을까? 그것은 이 3가지 중 어떤 유형에 해당할까?'라고 자기 자신에게 질문을 던지고 생각해보는 과정을 거치면 된다.

04
쉽고 가볍고 효과적으로 읽어라

2009년 알리바바그룹의 본사가 항저우 시후단지에서 신알리단지로 이전했다. 알리바바그룹은 1만 명에 가까운 직원들에게 생활의 편의를 제공하기 위해 이 단지 안에 스타벅스, 세탁소, 병원 등을 입주시킨 것은 물론 대형 학술서 서점인 펑린완楓林晚서점과도 파트너십을 체결했다.

어느 날은 펑린완서점 관계자가 나를 찾아왔다. 서점과 기업의 결합에서 새로운 가능성을 찾고 싶다는 것이었다. 이는 내가 제창하는 '책뜯기 공부법'의 개념을 실제로 실험해볼 수 있는 절호의 기회였다.

나는 2009년 10월 28일부터 신알리단지 내의 펑린완서점에서 11차례에 걸쳐 책뜯기 공부법의 시범 토론을 열기로 했다. 매주 1회 2시간 30분 동안 진행하기로 했으며 시작 시간은 수요일 저녁 7시 7분으로 정했다. 처음에는 바쁘고 긴장된 하루 업무를 마친 직장인들이 과연 당장의 업무 실적과 무관한 이런 활동에 참여할 것인지 반신반의하는 마음이 들기도 했다.

첫 토론회가 열리기로 한 28일 저녁 7시, 우리가 준비한 의자 20여 개 중 10여 개가 주인을 찾지 못하고 비어 있었다. 시계바늘이 7시 7분을 알리자 나는 참석자 수와 관계없이 토론회를 시작했다. 우선 참석자들과 평소에 어떤 방식으로 책을 읽는지, 책을 읽으면서 어떤 문제가 있었는지 이야기를 나눈 후 책뜯기 공부법의 개념에 대해 간략하게 설명했다. 그러는 사이 사람들이 점점 많아져 빈 의자가 다 채워졌고 나중에는 빈자리가 없어서 서서 듣는 사람들도 있었다.

그날 토론 도서는 닐 라컴Neil Rackham의 『당신의 세일즈에 SPIN을 걸어라』로 내가 중국어판을 번역한 책이었다. 마케팅 및 세일즈에 관한 책이었는데, 현장에 참석한 사람들 중 절반 이상은 사실 마케팅과는 관련 없는 일을 하고 있었다. 그들은 "당신이 어떤 일을 하든 직장에서 당신의 가치를 높여줄 것이다"라는 홍보 포스터의 문구를 보고 호기심이 생겨 왔다고 말했다.

나는 전체 토론 시간인 2시간 30분 중 3분의 1은 '사람의 마음을 움직이는 법'에 대해 소개하고, 3분의 2는 참석자들에게 각자의 경험을 발표하게 했다. 이때 내 예상을 뛰어넘는 좋은 사례들이 많이 나왔다.

행사가 끝난 후에도 많은 사람들이 자리를 뜨지 않고 나와 이야기를 나누며 이 행사에 대해 높은 관심을 피력했다. 책의 내용과 나의 강의 외에 다른 직원들이 발표하는 각자의 사례를 들으며 크게 깨달은 점들이 있다고도 했다. 기술 분야에서 일하는 한 중간관리자는 내게 웨이보(중국의 대표적인 SNS 서비스), 트위터, 페이스북처럼 사용자가 직접 콘텐츠를 창조하고 자신의 사례를 정리해 함께 학습할 수 있다는 점이 가장 마음에 든다고 말했다.

그 후 매주 토론회가 열릴 때마다 재참석율은 50~60퍼센트에 달했다. 알리바바그룹의 인사부 관계자는 자유롭게 참여할 수 있는 직장 내 학습활동에서 재참석율이 이렇게 높은 것은 믿을 수 없다며 감탄했다.

토론회가 열리기 전 "토론 도서를 반드시 읽어야만 토론회에 참석할 수 있나요?"라고 온라인을 통해 내게 묻는 사람들이 많았다. 처음에는 "읽고 오시면 제일 좋지만 안 읽고 오셔도 많은 걸 얻을 수 있을 겁니다"라고 대답했다. 하지만 그런 질문이 계속되자 나는 홍보 포스터에 "토론 도서를 읽고 오지 않아도 됩니다"라고 한 줄 덧붙였다. 토론 도서를 미리 읽었든 읽지 않았든 책뜯기 공부법의 효과에는 전혀 차이가 없음을 발견했기 때문이다.

토론회는 매번 내게 놀라움과 기쁨을 안겨주었다. 다섯 번째 토론회가 열리던 날 고객서비스팀에서 근무하는 한 직원이 토론 시간보다 훨씬 일찍 도착했다. 그는 지금까지 토론회에 세 번 참석했는데 며칠 전 집에서 좋아하는 책을 읽던 중에 문득 자신의 독서 습관이 바뀌었음을 깨달았다고 말했다. 자기도 모르게 '이 단락은 내용이 아주 흥미로워. 내 업무에도 활용할 수 있을까?'라고 생각하고 있더라는 것이다. 그는 책뜯기 공부법이 "고기를 잡아주는 것이 아니라 고기 잡는 법을 알려준다"고 평했다.

한번은 알리바바그룹의 총무부 책임자 아메이가 자기 부서의 직원과 함께 토론회에 참석했다. 그날 토론 도서는 『두라라 승진기』였다. 그들은 모두 그 소설을 읽었고 매우 적극적으로 토론에 참여했다. 토론회가 끝난 후 아메이가 내게 말했다.

"다음 번에는 『포용의 지혜』에 대해 토론하는 게 어떨까요?"

『포용의 지혜』는 대만의 유명한 승려 성운법사星雲法師와 홍콩 피닉스미디어 사장 류창러劉長樂의 대화록을 엮은 책이다. 불교, 경영, 인생 등 다양한 분야에 대한 두 사람의 대화가 실려 있는데 아메이는 그 책을 감명 깊게 읽고 부서 직원들에게 한 권씩 선물했다고 말했다.

나는 그 책을 읽어보지 않았고 불교에 대해 잘 모르지만 토론하는 건 가능하다고 대답했다. 다른 강연 프로그램이라면 강사가 반드시 해당 분야의 전문가여야 하지만 책뜯기 공부토론에서는 그 책의 내용을 이해하고 참석자들이 그 내용을 실제로 활용할 수 있도록 유도해주기만 하면 되기 때문이다.

마침 평린완서점에 『포용의 지혜』가 있었다. 나는 그 책을 사고 집에 와서 다음 날 3시간에 걸쳐 책을 읽었다. 그러고는 7개 단락을 선택해 각 단락에 대해 어떻게 설명하고 토론을 유도할 것인지 3시간 동안 준비했다.

그다음 주 수요일, 나는 『포용의 지혜』로 토론을 진행했다. 그날 토론회도 이전의 토론회와 마찬가지로 흥미롭게 진행됐다. 나는 참석자 모두에게 책의 몇 단락을 읽도록 한 다음 토론을 주도했고 참석자들은 각자 사례를 공유하며 토론했다. 토론회가 끝난 후 아메이는 "누구나 책뜯기 리더가 될 수 있겠군요!"라며 감탄했다.

알리바바그룹에서 진행한 책뜯기 토론회는 예상보다 훨씬 높은 관심 속에서 진행됐고 참석자들로부터 큰 호평을 받았다. 나는 이 토론회를 통해 중요한 결론을 얻었다. 책뜯기 공부법을 통해 1장에서 이야기한 독서의 3가지 어려움을 실제로 해결할 수 있다는 사실이다.

첫째, 여러 사람들과 토론회를 열든 혼자서 책을 읽든 책뜯기 공부법을 통해 독서를 하면 오히려 생존여유가 늘어난다. 책의 몇 단락을 읽거나 일주일에 2시간씩 토론회에 참석하는 것은 생존부하를 크게 증가시키지 않는다. 반면 책에서 얻은 지식이 업무 능력으로 전환되므로 조금씩 쌓이다 보면 생존역량이 향상된다. 생존역량이 향상되면 생존부하에는 변함이 없더라도 생존여유가 증가하는 결과를 가져온다.

둘째, 학습자 중심의 공부법이기 때문에 책 내용이 이해되지 않거나 기억나지 않아도 상관없다. 토론회에 참석한다면 책뜯기 리더가 설명해주고 참석자들이 각자의 경험을 공유하는 동안 책의 내용을 자연스레 이해하게 될 것이고, 혼자 독서를 할 때에는 이해되지 않는 부분은 건너뛰고 읽어도 무방하다. 중요한 것은 자신이 얻은 교훈을 어떻게 실제 생활에 응용하느냐에 있다.

셋째, '끝까지 읽지 못하는 것'이 더 이상 문제되지 않는다. 책뜯기 토론회에서 책뜯기 리더와 토론자들이 서로의 경험을 공유하기 때문에 독서가 더욱 재미있고 유용해진다. 책을 반드시 처음부터 끝까지 다 읽어야 하거나 저자의 주장을 빠짐없이 이해하거나 책 전체의 맥락을 다 파악할 필요가 없다. '읽으면 읽은 만큼 활용하자'는 생각으로 책을 읽으면 되기 때문에 큰 부담도 없고 책을 읽다가 포기했다는 자괴감도 들지 않는다. 오히려 공부에 대한 성취감과 실질적인 도움을 얻었다고 느낄 수 있다.

그러므로 앞에서 이야기한 읽기의 3가지 어려움은 문제가 아니라 오히려 기회가 된다. 책뜯기 공부법을 활용하기만 한다면, 스스로 책뜯기 리더가 되기만 한다면 말이다.

05
스스로 '책뜯기 리더'가 되어라

책뜯기 리더의 대표격이라고 할 수 있는 유명한 인물이 있다. 중국 내에서 가장 존경받는 기업인으로 손꼽히는 하이얼그룹의 장루이민張瑞敏 회장이다.

하이얼그룹은 중국 내에서뿐만이 아니라 세계적으로도 큰 영향력을 가진 가전제품 제조회사다. 장루이민은 35세 나이에 하이얼의 전신인 칭다오냉장고공장의 공장장을 맡으며 오늘날 하이얼그룹을 세계적인 기업으로 일궜다. 파산 위기에 처한 칭다오냉장고공장을 일으킨 그는 '중국의 잭 웰치' '중국 경제의 큰 스승'으로 불릴 만큼 남다른 경영철학을 확립했으며, 중국인 경영자로는 최초로 미국 하버드대학 MBA 강단에도 섰다.

스스로 "끊임없이 공부해야 한다"고 매일 다짐할 만큼 공부의 고수이기도 한 장루이민 회장은 "변화 속도가 빠른 지식경제 시대에는 공부가 중요하다. 공부하는 사람은 절대로 사회에서 버림받지 않는다"고 항상 강조했다.

그가 찾은 공부의 길은 역시 책이었다. 그는 피터 드러커의 『경영의 실제』를 읽고 하이얼의 그 유명한 'OEC Overall Every Control and Clear 관리법을 고안했다고 한다. OEC 관리법(혹은 일청관리법이라고도 한다)이란 전 직원이 날마다 모든 일을 완벽하게 통제하고 깔끔하게 마무리하자는 것으로 '일사일필 일청일고 日事日畢 日清日高', 즉 그날 업무는 그날 완성하고 마무리는 깨끗하게 하며 날마다 점진적인 향상을 지향하는 것을 의미한다. 장루이민은 『경영의 실제』의 중국어판에 직접 추천서를 쓰기도 했는데, 이 내용에도 역시 그의 뜻이 잘 드러나 있다. 잠시 한번 읽어보자.

"잘 관리된 공장은 단조롭고 무미건조해서 사람을 흥분시키는 사건이 발생하지 않는다."

드러커의 책을 처음 읽었을 때 이 말이 나를 가장 충격에 빠뜨렸다. 당시로서는 이 말을 잘 이해할 수 없었다. 그때만 해도 우수한 공장은 활기차게 돌아가 사람을 흥분시켜야 한다고 생각했기 때문이다. 그런데 곰곰이 생각해보니 그 속에 숨겨진 이치를 이해할 수 있었다.

'진심은 없고 결심뿐인' 직원단합대회는 겉으로 보기에는 활력이 넘치는 것 같지만 본질적으로는 효과적인 관리에 아무런 도움도 되지 않는다. 예기치 않은 사건이 갑자기 발생했을 때 용감무쌍한 사람들이 등장해 영웅이 되고 사람들의 마음을 격동시키지만 우리에게 진정으로 필요한 것은 그저 이런 영웅들에게 찬사를 보내고 자랑스러워하는 것이 아니라 애초에 돌발사건이 발생하지 않도록 철저한 메커니즘을 구축하는 것이다. 여기에 필요한 것이 바로 효과적인 관리다.

철저한 관리를 일상화함으로써 사고를 미연에 방지하는 것이 매우 중요하다. 이 책을 처음 읽은 후 우리 회사에 적합한 'OEC 관리법'을 고안해냈다. '일사일필 일청일고'를 기본이념으로 하는 이 관리법을 통해 전 직원이 모든 일을 철저하게 수행하고 관리하는 분위기를 확립시켰다. 크게는 대형 설비에서부터 작게는 유리 한 장까지도 모두 책임자가 있었다. 날마다 퇴근하기 전에 목표에 맞추어 작업을 완성하고 그 결과를 직원들의 인사평가와 인센티브에 반영했다. 이렇게 하니 목표, 일청작업결과, 인사평가, 인센티브가 선순환을 일으켰다.

OEC 관리법을 도입한 후 도산 위기에 빠져 직원들의 임금도 지급하지 못했던 기업이 빠르게 적자를 탈출하고 효율적인 관리까지 이루었다. 그 덕분에 우리는 중국 냉장고 업계 사상 최초로 품질금메달을 수상할 수 있었다. 이 금메달 수상은 OEC 관리법에 힘입은 바 크며, 이 모든 것이 드러커 선생 덕분이다.

『경영의 실제』는 중국에서 수십만 부나 팔린 베스트셀러다. 그런데 어떤 이들은 남들 따라 책을 사기는 했지만 선뜻 읽지 못하고 책꽂이에 얌전히 꽂아두어 책 위에 먼지만 쌓이고 있고, 어떤 이들은 열광하며 책을 읽었지만 다 읽은 후에도 기억에 남는 것이 없다. 또 어떤 이들은 밑줄 치고 메모하며 주요 내용을 따로 정리할 정도로 공부했지만 실전에서 활용하지 못했다. 그런데 장루이민은 책 속의 내용을 실제에 활용했고 드러커의 관리 개념에서 영감을 얻어 자기 일에 응용했다. 그 스스로 훌륭한 책뜯기 리더가 된 것이다.

장루이민뿐만 아니라 그 누구라도 책뜯기 리더가 될 수 있다. 앞에서 이야기한 책뜯기 공부법의 개념을 이해하고, 뒤에 나올 실질적인 방법을 익히고 나면 누구라도 자기 자신의 책뜯기 리더가 될 수 있다.

다음 3장에서는 학습자의 단계에 대해 설명하려고 한다. '활용'의 단계에 있는 사람이라면 자기 자신의 책뜯기 리더가 될 수 있고, 더 나아가 '리드lead'의 단계까지 이른다면 다른 사람도 도와줄 수 있는 책뜯기 리더가 될 수 있을 것이다.

PART3 / 방안

스스로 성장하는 공부,
'책뜯기' 독서를 하라

배우기만 하고 생각하지 않는다면
실제로 얻는 것이 없다.
생각하고 배우지 않으면
위태로움을 면할 길이 없다.

— 공자 孔子

01

당신은 어느 단계에 서 있는가?

학습에도 단계가 있다. 그리고 각 단계마다 학습자에게 요구되는 학습 능력, 사고 능력, 표현 능력은 각기 다르다. 그렇다면 나는 어떤 단계에 해당될까? 우선 작은 테스트를 해보자. 아래 3가지 질문이 있다. 질문의 내용을 읽고 제시된 지문 중 하나를 고르면 된다. 자신의 상황과 가까운 지문들 가운데 점수가 가장 높은 것을 고른다. 예를 들어 D, E, F가 자신의 상황과 가까운데 그중 F의 점수가 가장 높다면 F를 선택하면 된다.

첫 번째 질문
가장 최근에 끝까지 다 읽은 (혹은 거의 다 읽은) 책을 꺼내 옆에 놓고 다음 중 자신에게 해당되는 지문을 선택한다.

A. 가장 최근에 책 한 권을 끝까지 다 읽은 것이 2년 전이다. 그 책이 어디에 있는지 찾을 수가 없다. (0점)

B. 내가 읽은 책들은 대부분 새 책이나 다름없다. (0점)

C. 몇 군데는 밑줄을 긋기도 하고 중요한 단락을 따로 베껴 적기도 했다. (1점)

D. 책의 주요 내용과 주장, 각 단락의 뜻을 간략하게 정리해 메모해 놓았다. (1점)

E. 관심 있는 내용을 내 방식대로 다시 한 번 메모해놓았다. (2점)

F. 나의 경험을 떠올려보고 내가 겪거나 보았던 비슷한 상황을 기록해놓았다. (3점)

G. 이 책을 읽은 후 책 속에서 제시한 방법을 업무나 일상생활에서 활용해보았다. 내가 어떻게 활용했는지 말할 수 있다. (4점)

H. 이 책을 읽은 후 책 속에서 제시한 방법을 남에게 가르쳐준 적이 있다. (5점)

두 번째 질문

다음의 단락을 읽고 문제에 답해보라.

─오마에 겐이치, 『즉전력』 중에서

즉전력卽戰力 있는 전문가가 갖추어야 할 마지막 신기神器는 '문제해결력'이다. 문제해결력을 겸비한 사람이라면 기업에서 서로 모셔가려고 다툴 것이다. 오늘날의 기업에는 문제해결력을 갖춘 전문가가 터무니없이 부족하기 때문이다.

21세기는 한 치 앞도 예측할 수 없는 시대다. 사이버Cyber, 보더리스Borderless, 멀티플multiple 등 여러 가지 경제모델이 복잡하게 얽혀 있는 '신대륙'에는 더 이상 실물경제만 존재하는 '구대륙'의 원칙이 통하지 않는다.

실업, 프리터freeter(자유로움과 아르바이트를 합성한 신조어로 특정 직업을 갖지 않고 아르바이트만으로 생계를 이어가는 사람들을 일컬음), 저출산, 고령화, 연금 정책 등 지금까지 한 번도 출현한 적 없었던 문제들이 속출해 정부를 속수무책으로 만들고 있다.

과거에는 소위 잘나갔던 대기업들이 문제를 해결하지 못하고 시장에서 퇴출당하거나 소리 없이 사라지고 있다. 원인은 분명하다. 엘리트와 화이트칼라 계층이 학교에서 교육받은 대로 정답이 있는 문제를 해결하는 데는 익숙하지만 불확실한 시대의 여러 가지 문제에 대해서는 문제해결력을 발휘하기 못하기 때문이다.

과거의 성공 경험을 근거로 해답을 찾는 방식은 현재 당면한 문제들 앞에서 아무런 효과를 발휘하지 못한다. 그러다가 뜻대로 되지 않으면 즉흥적으로 떠오른 아이디어로 문제를 해결하려고 한다. 기업의 중요한 의사결정이나 국가경제와 민생에 관한 정책결정조차 독창적인 아이디어에만 의지하는 것도 이미 흔한 일이 되었다.

문제해결의 첫걸음은 문제가 어디에 있는지, 무엇이 문제인지 자발적으로 찾아내는 것이다. 조금이라도 의문이 들면 끝까지 파헤쳐 분석하고 문제의 본질이 무엇인지 반복해서 탐색해야 한다. 한마디로 '질문하는 힘'이 반드시 필요하다.

그다음에는 문제가 발생한 원인이 무엇이고 어떻게 해야 그 원인을 배제할 수 있는지 가설을 세운다. 이때 무엇보다 중요한 것은 "왜 이 방법을 택했느냐"라는 질문에 대해 "이런 결과를 얻을 수 있지 않을까?"라는 자신의 가설을 제시하는 것이다.

다음으로는 이 가설을 성립시키기 위해 검증해야 한다. 가설은 어디까지나 가설일 뿐 이것으로 문제를 해결할 수 있다고 단정해서는 안 된다. 검증을 통해 최초 가설이 잘못되었음이 확인된다면 곧장 새로운 가설을 세워야 한다. 그래야만 문제가 발생한 진정한 원인을 찾을 수 있다.

이것이 문제를 해결하는 과정이다. 문제가 닥쳤을 때 그 해답을 알고 있는지는 중요하지 않다. 그보다는 어떤 문제가 닥치든 가설을 세우고 검증하는 과정을 통해 해답을 찾을 수 있는 문제해결력을 갖추고 있는지가 더 중요하다.

다음 중 자신의 생각과 가장 가까운 것을 선택한다.

A. 이 단락은 문제해결력의 중요성에 대해 설명하고 있다. (0점)

B. 문제해결의 3단계에 해당하는 구절에 밑줄을 그을 것이다. (1점)

C. 많은 이들이 문제해결에서 가장 중요한 것은 해결방법을 도출해내는 것이라고 착각하고 있다. 하지만 사실은 문제의 본질을 파헤치고 탐구한 다음 문제의 원인에 대한 가설을 수립하고 그 가설을 검증하는 것이 더 중요하다. 이것이 이 단락을 통해 얻을 수 있는 교훈이다. (2점)

D. 첫 번째 단계는 '문제의 본질을 반복해서 탐구하는 것'이다. 나는 어떻게 했을까? 어제 결혼을 앞둔 한 친구가 내게 몇 가지 문제를 물어보았을 때 나는 곧바로 방법을 제시해주었지만 친구는 내 생각에 동의하지 않았다. 나는 문제의 본질을 파고드는 점이 부족한 것 같다. (3점)

E. 다음 주 회의가 열리면 아마도 설계부에서 몇 가지 해결하기 어려운 문제들을 제기할 것이다. 이번에는 해결방법을 곧장 이야

기하지 않고 이 책에서 말한 대로 3단계에 걸쳐 해결방법을 모색할 것이다. 첫 번째는 먼저 질문하는 것이다. 적어도 3가지 질문을 한 뒤에 곰곰이 생각해볼 것이다. (4점)

세 번째 질문

다음의 영화 대본을 읽고 다음의 문제에 답해보라.

— 영화 「땡큐 포 스모킹 Thank You For Smoking」 중에서

(닉 네이러는 담배회사의 대변인이자 담배회사의 이익을 대표하는 로비스트다. 어느 날 초등학생 아들의 반에서 '아빠의 직업'이라는 주제로 행사가 열렸다. 닉 네이러는 아들의 같은 반 친구들 앞에 서서 이야기를 한다.)

닉: 나중에 커서 변호사가 되고 싶은 사람 있니?

(한 아이가 손을 든다.)

닉: 영화배우가 되고 싶은 사람은?

(많은 아이들이 손을 든다.)

닉: 로비스트가 되고 싶은 사람도 있니?

아이들 : 로비스트가 뭐예요?

닉: 음, 영화배우와 비슷해. 말하는 직업이지. 내가 바로 로비스

트야.

아이: 무슨 이야기를 해요?

닉: 담배업계를 대변해서 이야기를 하지.

아이: 우리 엄마도 예전에 담배를 피웠는데 담배를 피우면 죽는다고 했어요.

닉: 그래? 너희 엄마가 의사시니?

아이: 아뇨.

닉: 그럼 과학자시니?

아이: 아뇨.

닉: 그렇다면 너희 엄마가 담배 분야의 전문가는 아니로구나.

아이: ……(부끄러운 듯 고개를 숙인다).

닉: 괜찮아. 엄마 말을 잘 들어야 착한 아이지. 나는 그저 너희들에게 누군가의 말을 들었을 때 어떻게 행동하고 어떻게 생각해야 하는지 알려주고 싶었을 뿐이야.

(아이는 고개를 끄덕이고 선생님은 불안한 표정을 짓는다.)

닉: 그러니까 아무리 전문가처럼 보이는 사람의 말이라도 반드시 "누가 그래요?"라고 반문해보아야 해.

아이: 그럼 담배가 건강에 이롭나요?

닉: 아니야. 그런 뜻은 아니야. 내 말은 독립적으로 생각하고 권위에

용감하게 도전할 줄 알아야 한다는 뜻이지. 부모님이 네게 초콜릿은 위험한 거라고 말한다면 너는 아무 의심도 없이 그걸 믿겠니?

아이: 물론 아니죠.

닉: 바로 그거야! 담배가 이로운지 해로운지를 따질 때 남의 말을 그대로 받아들이지 말고 너 스스로 해답을 찾아야 해!

이 장면을 읽고 당신은 어떤 기분이 드는가? 자신의 성격과 가장 가까운 것을 선택한다.

A. 주인공의 언변이 탁월하다. (0점)

B. 주인공은 효과적인 대화의 기술을 사용했다. 첫째, 상호 소통의 방식으로 이야기를 시작해 듣는 이의 흥미를 불러일으켰다. 둘째, 듣는 이들과 공통된 언어를 찾았다. 원래 주인공은 변호사를 예로 들려고 했지만 아이들이 별로 흥미를 보이지 않자 영화배우를 예로 들어 비교했다. 그 뒤에도 초콜릿을 예로 들어 설명했다. 셋째, 의심이나 도전을 받았을 때 그는 곧바로 반박하지 않고 질문을 던졌다. 넷째, 그는 상식적인 선에서 문제를 바라보았다. (3점)

C. 주인공은 그저 말솜씨만 번드르르한 걸까, 아니면 그의 말에 정

말로 일리가 있을까? 담배를 많이 피우면 인후염, 폐암 등에 걸릴 수 있고 초콜릿을 많이 먹으면 비만, 심장병 등에 걸리기 쉽다면, 어째서 금연을 주장하는 사람들은 많지만 초콜릿을 끊어야 한다고 말하는 사람은 없을까? 깊이 생각해볼 만한 문제다. (3점)

D. 지난번에 동료와 밥을 먹는데 동료가 "쌀과 밀가루를 줄이고 육식을 늘리고 생식을 하는 것은 그것이 가장 건강한 식습관이기 때문"이라고 했다. 동료는 "늑대는 고기를 먹고 양은 풀을 먹는데 늑대는 날씬하고 양은 뚱뚱하다"고 근거를 대며 말했지만 나는 그 생각에 동의하지 않아 논쟁을 벌였다. 지금 생각해보니 가장 효과적인 방법은 논쟁보다는 질문이었다. 나는 동료에게 이렇게 물어보았어야 했다. "누가 그래?" "충분한 표본조사를 통해 증명된 거야?" "어떤 과학지에 실린 거야?" "영양학계에서도 그 주장에 동의해?" (5점)

E. 앞으로는 회의에서 논쟁이 벌어졌을 때 중요한 것은 옳고 그름이 아니라 정확한 해답을 찾아내는 방법이라고 사람들에게 말하겠다. (5점)

F. 신입사원을 교육시킬 때 먼저 돌아가며 자기소개를 하도록 한 뒤 이 영화의 장면을 보여주면서 어떻게 하면 듣는 이들의 흥미를

이끌어낼 수 있는지 알려주겠다. 앞으로 자기소개를 할 때에는 상호 소통 방식으로 이야기를 시작하라고 가르쳐준 다음 그 자리에서 자기소개를 다시 해보라고 시킬 것이다. (7점)

위의 3가지 질문의 답에서 얻은 점수를 다 합치면 자신이 대략 어떤 단계에 해당하는 학습자인지 알 수 있다. 0~6점이라면 입문의 단계, 7~12점이라면 활용의 단계, 13~17점이라면 리드의 단계다.

입문의 단계: 초급학습자
어떤 능력이 부족하다고 느낄 때 학원에 등록하고 시험에 응시하고 자격증을 취득하려고 하는 등 무언가에 의존하는 경향이 강하다. 공부의 주된 목적은 옳은 답을 찾아내는 것이라고 생각한다. 스스로 사고의 깊이를 기르는 능력이 부족한 초급학습자에 해당한다.

활용의 단계: 고급학습자
스스로 능력을 향상시키는 법을 어느 정도 체득하고 있다. 책을 읽거나 강연을 들을 때 또는 일상생활에서도 적극적으로 공부한다. 어떤 지식을 배웠을 때 자신의 경험과 연결시켜 앞으로의 활용법을 도출해내기도 하므로 학습 속도도 빠르고 발전가능성도 높다. 스스로 자신의 책뜯기 리더가 될 수 있는 고급학습자에 해당한다.

물론 활용의 범위나 정도는 개인마다 차이가 있을 수 있다. 어떤 이들은 실용적인 지식을 얻어 실전에 활용할 줄은 알지만 소설을 읽으면 이런 효과를 내지 못하기도 한다. 또 어떤 이들은 책의 논리를 가공하는 데는 익숙하지만 책을 초월해 스스로 사고하는 능력은 부족하다.

리드의 단계: 학습촉진자

자신의 공부뿐만 아니라 타인의 공부까지 이끌 수 있는 가장 수준 높은 단계다. 토론을 주도하면서 지식에 대한 이해도를 더욱 확장시키는 능력을 갖추고 있다. 다른 사람을 지도하면서 자신의 학습 능력, 소통 능력, 사고 능력도 향상시키는 학습촉진자에 해당한다. 빠르게 변화하고 경쟁이 치열한 사회에서 가장 인정받는 고수이자 인재다.

02
지금 시대의 가장 중요한 능력

2007년 스탠다드차타드 은행의 수석 이코노미스트인 스티븐 그린Stephen Green의 보고서가 경제전문지 《블룸버그》에 실린 적이 있다. 그린은 이 보고서에서 "누구나 변화 속에서 살고 있지만 중국인들의 변화 속도는 다른 나라 사람들이 따라갈 수 없을 정도다"라고 말하며 다음과 같이 평했다.

"20대 청년이 남들은 상상할 수도 없는 연봉을 받는다. 그들의 직업 전환 속도 역시 혀를 내두르게 한다. 당신이 어렸을 때 살던 집이 불도저에 밀려 철거되고 폐허 위에서 마천루가 우뚝 솟는다. 당신의 이웃들 중 몇몇은 특별한 여행을 즐기고 또 다른 이웃은 병에 걸려 병원을 찾지만 거액을 주어야 진료를 받을 수가 있다. 갑자기 거리마다 외국인들이 넘쳐나고, 모두들 어질어질한 모습이다."

그린은 아마 중국의 변화 속도를 계산한 첫 번째 경제학자일 것이다. 그의 계산에 따르면 중국의 1년은 미국의 4년과 같다고 한다. 다시 말해 중국인들의 생활이 변화하는 속도가 미국인들보다 4배 빠르다는 것이다. 실제로 미국이 120년 동안 걸어온 길을 중국은 단 30년 만에 따라잡았다. 그러나 중국인들은 이 사실을 종종 간과하는 것 같다. 중국은 고속 주행하는 버스와 같다. 그 버스에 탄 사람들은 쉬지 않고 흔들리면서도 버스가 그렇게 빠르게 달리고 있음을 느끼지 못한다. 졸다가 문득 정신이 들어 창밖을 내다보니 어느새 새로운 도시가 들어서 있지만 자신은 여전히 농촌의 옷을 입고 있다.

이처럼 중국인의 절대다수가 빠른 변화의 속도를 따라가지 못하고 있다. 비단 중국만 그럴까? 오늘을 살아가는 많은 현대인들은 세계의 극심한 변화 속에서 혼란과 불안을 느낀다. 하루가 다르게 변화하는 세상에서 어떻게 살아남을 수 있을까?

많은 사람들이 이런 위기감을 가지고 공부를 시작한다. 그런데 공부 방법에 문제가 있다. 대졸 이상의 학력에 직장생활 경험 1년 이상인 사람들을 대상으로 설문조사를 실시한 결과 놀라운 사실을 발견했다. 설문에 응답한 사람들 중 68퍼센트가 초급학습자에 해당했고, 20퍼센트에 가까운 사람들은 사실상 초급학습자의 단계에도 들지 못했다. 이를테면 그들은 '원시학습자'에 가까웠다.

원시학습자는 책을 전혀 읽지 않는다. 그들은 이 불확실한 세상에서 무언가를 배우고 공부하려 하기보다는 그때그때 닥치는 대로 문제를 해결한다. 초급학습자들은 공부란 암기하고 요점을 파악해 하나로 귀결시키는 것이라고 여긴다.

사실 이러한 초급학습자와 원시학습자들을 양산해낸 것이 학교 교육일지도 모른다. 영어는 암기하고, 수학은 공식을 외우는 방식. 공부의 목적이 시험인 현실. 심지어 대학에서도 학점을 받고 졸업장을 따기 위해 공부한다. 그러나 우리는 이런 공부 방식이 결국 아무런 소용이 없다는 것을 너무 잘 알고 있지 않는가?

공부 방법을 바꾸지 않는다면 더 이상의 실력 향상은 기대할 수 없다. 빠르게 변화하는 사회 속에서 가장 중요한 능력은 가치 있는 지식을 자기 실력으로 전환시키는 능력임을 잊지 마라. 그리고 책뜯기 공부법은 바로 여기에 초점을 맞추고 있는 학습법이라는 사실을 기억하기 바란다.

03
질문을 던지고 본질을 탐구하는 독서

―찰스 핸디, 『포트폴리오 인생』 중에서

지식은 기반이지만 언제든 버려질 수 있다. 실생활에서 추론하는 법을 배워야 한다.

경영학자인 찰스 핸디 Charles Handy는 키가 크고 온화한 미소를 가진 백발의 신사다. 그가 미소를 지을 때면 '경영철학의 아버지'라기보다는 그저 마음씨 좋은 할아버지처럼 보인다. 그는 아일랜드의 목사 집안에서 태어났다. 열두 살이 되던 해에 그의 친구가 윈체스터대학에 들어가기 위해 헬라어를 배워야 한다며 함께 공부하자고 제안하자 그는 흔쾌히 승낙했다. 이 일이 계기가 되어 그는 철학을 전공으로 선택했다. 몇 년 후 그는 옥스퍼드대학 철학과에 입학해 플라톤과 아리스토텔레스를 공부했다. 그런데 그는 날마다 철학 교수님이 낸 독서 과제를 할 때마다 몹시 난감했다. 밤 새워 머리를 싸매고 읽어도 실마리조차 찾을 수 없었기 때문이다.

대학을 졸업한 후 찰스 핸디는 정유회사인 쉘Shell에서 면접을 보았다. 면접관은 철학 전공자가 정유회사의 면접을 보는 것을 의아하게 여기며 어울리지 않는다고 생각했다. 그런데 그와 이야기를 나누어본 후 그를 입사시키기로 결정했다. 그의 두뇌가 아주 잘 훈련되어 있다는 것을 알았기 때문이다.

말년에 찰스 핸디는 자신이 공부했던 라틴어, 헬라어, 역사와 철학의 세부적인 내용은 모조리 잊어버렸지만 그것은 중요하지 않다고 말했다. 그는 "중요한 것은 내가 독립적으로 사고하고 추론하는 법을 배운 것"이라고 강조했다.

찰스 핸디는 그리스의 역사가이자 소크라테스의 제자였던 크세노폰의 책에서 "소크라테스는 위대한 질문가였다. 그는 끊임없이 질문하고 잠재적인 가설을 탐구했다"는 구절을 인상 깊게 읽고 많은 생각을 키웠다.

―크세노폰, 『소크라테스 회상』 중에서

소크라테스가 제자에게 정의가 무엇인지 물었다. 제자는 "속이지 않는 것이 정의"라고 대답했다.

소크라테스가 다시 물었다.

"전쟁에서 적을 속이는 것은 어떤가?"

제자가 대답했다.

"그것은 정의입니다."

소크라테스가 또 물었다.

"그렇다면 정의를 구분해야겠군. 적을 속이는 것은 정의지만 친구를 속이는 것은 정의가 아니지. 친구에게는 정직하게 대해야 하지 않나? 내 말에 동의하는가?"

"동의합니다."

소크라테스가 재차 물었다.

"장군이 병사들의 사기가 떨어진 것을 보고 지원군이 곧 도착할 것이라고 거짓말을 했다고 가정하세. 장군이 거짓말로 병사들의 사기를 북돋운 것은 정의로운 것인가, 정의롭지 않은 것인가?"

"정의로운 것입니다."

"앓고 있는 친구에게 약을 먹이기 위해 거짓말을 하는 것은 어떤가? 이 거짓말로 친구가 건강을 회복했다면 이는 정의로운 것인가,

정의롭지 않은 것인가?"

"정의로운 것입니다."

"친구를 속이는 것이 정의이기도 한 것인가? 그렇다면 어떤 상황에서 속이지 않는 것이 정의란 말인가?"

제자가 대답했다.

"허락하신다면 제가 했던 말을 취소하겠습니다."

찰스 핸디는 소크라테스의 이와 같은 질문법을 자신의 일에도 응용했다. 그는 "우리는 건의를 하는 것이 아니라 그저 왜 그런지 끊임없이 질문한다. 이렇게 하면 사람들이 자기 생각을 분명히 아는 데 큰 도움이 된다. 이것이 내가 소크라테스에게 배운 것이다"라고 말했다. 이를 우리 일에서 활용해보자.

"왜 이런 전략을 사용합니까?"

"이것이 우리의 투자 수익을 최대화해줄 수 있습니까?"

"왜 투자 수익을 가장 중요한 기준으로 생각합니까?"

"어째서 투자자를 의사결정의 유일한 기준으로 삼았습니까?"

이렇게 끊임없이 질문을 던지는 것이다.

1981년 영국 개방대학開放大學, Open University이 처음으로 경영 과정을 개설하면서 찰스 핸디를 학술고문으로 초빙했다. 그는 이 과정의 학술고문이자 유일한 교수였고 모든 교재는 그가 직접 집필했다. 핸디는 훗날 그 일을 화약을 등에 지고 전쟁터로 뛰어드는 것에 비유하며 자신이 지금까지 한 일 중 가장 힘든 것이었다고 회상했다.

그는 이 경영 과정 개설을 통해 "개념은 반드시 실천과 연계되어야 한다"는 자신의 주장을 증명하기로 마음먹었다. 그가 설계한 커리큘럼은 학습자들이 지식을 공부한 후 그 지식을 자신의 경험과 연계시키고 사고할 수 있도록 하는 데 초점을 맞추었다. 그의 커리큘럼이 효과가 있는지는 학습자들이 그것을 잘 응용할 수 있는지에 따라 검증되는 것이었다. 그의 시도는 성공했을까?

그가 개설한 과정은 커다란 성공을 거두었고 개방대학의 경영대학원 개설에 밑바탕이 되었다. 20여 년 후 이 과정에서 공부한 학생 수가 유럽 전체 다른 경영대학원의 학생 수를 모두 합친 것보다 더 많았다. 현재 찰스 핸디는 유럽 최고의 경영학자로 손꼽히며 미국의 피터 드러커와 어깨를 나란히 하고 있다.

찰스 핸디는 전형적인 고급학습자다. 고급학습자는 책을 읽으면서 끊임없이 질문을 한다. 책 속의 내용에 관한 것일 수도 있고 자신의 과거 생각에 관한 것일 수도 있다. 그런 후에 책을 통해 얻은 지식들이 자신과 어떤 관계가 있는지 생각하고 과거 자신의 경험과 대조하면서 눈에 보이는 현상의 뒤에 숨어 있는 본질을 탐구한다. 또 새로운 지식들을 자신의 현실적인 문제에 어떻게 적용할 것인지 생각하고 계획한다.

고급학습자는 자기 자신의 책뜯기 리더이기도 하다. 이들은 마치 대뇌가 둘이나 있는 것처럼 한쪽으로는 새로 습득한 지식을 자신의 언어로 다시 쓰고 자신의 경험을 찾아내 어떤 부분이 자신에게 유용한지 판단하고, 다른 한쪽으로는 자신의 사례를 가공해 실제에 적용시킨다.

앞에서 이야기했던 하이얼그룹의 장루이민 회장이나 찰스 핸디처럼 되는 게 쉬운 일은 아닐 테지만, 고급학습자가 되는 것은 그리 어려운 일이 아니다. 작은 깨우침만으로도 누구나 고급학습자의 길로 들어설 수 있다. 그리고 그 작은 깨우침이 여러 번 반복된다면 스스로 지식을 능력으로 전환시키는 '책뜯기' 공부의 무궁무진한 즐거움을 누릴 수 있게 될 것이다.

04
지식을 능력으로 전환시키는 공부법

—찰스 핸디, 『포트폴리오 인생』 중에서

최고의 공부 방법은 남을 가르치는 것이다. 그래서 나는 학생들보다 훨씬 많은 것을 배웠다. 학생들을 가르치는 일은 언제나 즐거웠다. 똑똑한 학생들과 함께 일하고 공동의 이익을 위해 문제를 해결했기 때문이다.

2012년 7월 16일 스티븐 코비 Stephen R. Covey가 미국 아이다호에서 세상을 떠났다. 그의 유명한 책 『성공하는 사람들의 7가지 습관』은 출간 후 지금까지 전 세계에서 2500만 부가 팔렸다. 그런데 스티븐 코비가 세상을 떠난 후, 그의 책이 훌륭한 경영서

인지 진부한 성공학 서적인지에 대한 논란이 일었다. 어떤 이들은 그의 책을 읽고 큰 감명을 받아 자신의 인생이 바뀌었다고 극찬했지만, 어떤 이들은 그의 책을 두고 기존에 나와 있는 주장을 잘 포장한 것에 불과하다고 혹평하기도 했다. 아마 두 가지 주장이 다 틀린 것은 아닐 것이다.

스티븐 코비의 독자들은 대부분 사업가나 경제계 인사들, 또는 평범하게 회사생활을 하는 직장인들이었다. 흥미로운 점은 코비는 단 한 번도 직장생활을 한 적이 없다는 사실이다.

스티븐 코비는 1932년 미국 유타주 솔트레이크시티에서 태어났다. 유타주의 200만 인구 가운데 70퍼센트가 모르몬교를 믿는다. 코비 역시 모르몬교 신도였다. 모르몬교에는 잘 알려진 3가지 특징이 있다. 첫째, 신앙이 독실하다. 둘째, 선교활동에 적극적이다. 셋째, 막강한 경제력을 가지고 있다. 이 3가지 특징이 코비의 인생과 저서 속에서도 드러난다.

코비는 16세에 유타대학에 진학해 경영학을 공부했다. 대학 졸업 후에는 영국으로 건너가 2년 동안 모르몬교 선교사로 일했으며 그 후 다시 미국으로 돌아가 하버드대학 경영대학원의 경영학 석사 과정에 입학했다. 석사 학위 취득 후에는 또다시 아일랜드에서 선교사로 활동하다가 브리검영대학 대학원에서

종교교육학 박사 학위를 취득했다. 그의 박사 논문은 미국 역사에 등장한 '성공에 관한 문헌'들을 연구한 것이었다.

브리검영대학에서 박사 학위를 취득한 그는 총장의 보좌관이 되었고, 학교 내에서 자신이 연구하고 정리한 개념을 전파하기 시작했다. 이것이 바로 '7가지 습관'의 원형이다. 그가 강의를 할 때마다 1000여 명의 학생이 강의실을 가득 메웠다.

그는 1983년 코칭 및 컨설팅 업체인 코비리더십센터 Covey Leadership Center를 설립한 후부터 비즈니스 분야에서 유명세를 떨치기 시작했다. 그리고 1989년 『성공하는 사람들의 7가지 습관』이 출간된 후 폭발적인 반향이 일어났다. 이 책은 각 대형 서점의 베스트셀러 순위에 5년 동안 머무르며 수많은 독자를 양산해냈다. 심지어 책이 출간되고 20여 년이 지난 2011년까지도 중국의 베스트셀러 목록의 자기계발 분야 20위권에 올라 있었다.

그렇다면 스티븐 코비가 말한 7가지 습관이란 무엇일까?

—스티븐 코비, 『성공하는 사람들의 7가지 습관』 중에서

1. 주도적이 되어라.

주도적인 사람은 조금 해보다가 그만두는 일이 없다. 그들은 자신이

선택한 것을 책임지며 감정에 이끌리거나 주변 환경에 휘둘리지 않고 원칙과 가치관에 따라 선택한다. 주도적인 사람들은 언제나 변화를 이끌어낸다.

2. 끝을 생각하며 시작하라.

개인, 가정, 단체, 조직은 모두 창의적인 사고를 통해 미래를 설계하고 그것을 실현시키기로 결심한다. 큰일이든 작은 일이든 모두 자기 생활에서 가장 중요한 원칙, 인간관계, 목표에 따라 실천한다.

3. 소중한 것을 먼저 하라.

소중한 것을 먼저 하는 사람은 중요도에 따라 일의 순서를 정하고 실천한다. 주변 상황이 어떻든 언제나 자신에게 가장 소중한 것에 따른다는 원칙을 고수하며 생활한다.

4. 윈윈win-win을 생각하라.

윈윈의 사고방식을 가진 사람은 타인과 교류할 때 양쪽 모두에게 이익이 되고 상호 존중이 이루어지는 관계를 추구한다. 그들은 기회는 어디에든 있다고 생각하며 '나'가 아니라 '우리'를 우선시한다. 그들은 감정 교류를 통해 타인과 상호 신뢰 관계를 구축한다.

5. 먼저 이해하고 다음에 이해시켜라.

상대방을 이해하려는 마음을 가지고 있으면 그저 상대의 질문에 대답하기 위해 귀를 기울이는 것이 아니라 진정한 소통을 통해 우정을 쌓는다. 이럴 때에는 자기 생각을 솔직하게 털어놓고 상대의 이해를 구하는 것이 가장 자연스럽고 훨씬 쉬운 방법이다. 상대에게 무엇이 필요한지 아는 것이 진정한 양해이고, 자신에게 무엇이 필요한지 상대에게 이해시키는 것이 바로 용기다. 효율은 이 둘 사이에서 균형을 맞추고 이 둘을 적당히 결합시킬 때 생겨난다.

6. 시너지를 내라.

종합적으로 사고하는 사람은 타인과 협력할 때 자신의 의견을 고집하거나 상대의 의견에 무조건 맞추는 것이 아니라 제3의 해결방법을 찾는다. 시너지의 기초는 서로의 차이를 인정하고 존중하는 것이다. 이것이 바로 창조적인 협력이며 이런 협력은 1 더하기 1은 3, 11, 111, 심지어 그보다 더 많은 결과를 도출해내곤 한다.

7. 끊임없이 쇄신하라.

효율성이 높은 사람들은 건강, 사회생활, 지식, 감성 등 모든 면에서 자신을 항상 새롭게 쇄신한다. 이로써 다른 일도 효율적으로 해낼 수 있는 능력을 기르게 된다.

이것이 그 유명한 '7가지 습관'이다. 그런데 이 7가지 가운데 처음 듣는 이야기가 있는가? 스티븐 코비가 말한 7가지 습관은 모두 훌륭한 말이지만 사실 새로운 것은 아니었다. 심지어 초등

학교 때 선생님에게 들었던 것들도 있다. 그래서 어떤 독자들은 "왜 이 책이 이토록 유명해진 거지? 누구나 알고 있는 걸 특별히 강조할 뿐이잖아!"라고 불평했을 수도 있다.

그러나 똑같은 이야기를 많은 사람들이 반복해서 한다는 것은, 적어도 그중 몇 가지는 알기는 쉽지만 실천하기는 어렵다는 뜻이다. 스티븐 코비의 업적은 7가지 습관을 처음 개발해낸 것이 아니라 그것들을 어떤 방식으로 어떻게 이야기했느냐에 있다. 그는 '알기는 쉬워도 실천하기는 어려운' 이 문제를 상당 부분 해결했다. 그는 사람들이 대략적으로 알고 있는 상식을 실천할 수 있도록 도와주었다. 한마디로 상식을 자기 실력으로 전환시킬 수 있게 한 것이다.

스티븐 코비가 제시한 방법들을 살펴보자. 우선 당신이 관리자이고 부하직원들이 주도적으로 일하지 않는 것처럼 보인다면 어떻게 해야 할까?

주도적으로 일하는 것이 얼마나 중요한지 반복해서 강조할 수 있다. 주도적으로 일하지 않아서 일을 그르친 사례나 주도적으로 일해서 좋은 결과를 낸 사례를 들려줄 수 있다. 주도적인 직원을 본보기로 삼아 전 직원이 그를 본받도록 유도할 수 있다. 몇 가지 행동규칙을 정해 이를 지키지 않는 직원들의 상여

금을 삭감할 수 있다…….

이런 방법을 실제로 실천했을 때 얼마나 효과가 나타날지는 아무도 모른다. 그런데 스티븐 코비는 어떻게 하면 '주도성'을 발휘할 수 있는지 구체적인 방법도 제시했다.

―스티븐 코비, 『성공하는 사람들의 7가지 습관』 중에서

1. 적극적인 사람들은 "나는 할 수 있다" "나는 할 것이다" "나는 이렇게 하겠다"와 같은 적극적인 어휘를 사용한다. 반면 소극적인 사람들은 "나는 할 수 없다" "그렇게 되기를 바란다" "어쩔 수 없이" "만약에" 같은 소극적인 어휘를 사용한다. 만약 과거 몇 주 동안 두 번 이상 소극적인 어휘를 사용했다면 자신이 어떻게 말했는지 적어보자.

1) _____
2) _____

똑같은 상황에서 적극적인 어휘를 사용해 대답한다면 어떻게 말할 수 있는지 적어보자.

1) _____
2) _____

2. 당신의 '원'은 얼마나 넓은가? 우리가 가지고 있는 관심 분야를

모두 포함하는 것을 '관심의 원'이라고 하고, 이 가운데 자신이 통제할 수 있는 대상들을 한데 모은 것을 '영향력의 원'이라고 한다. 적극적인 사람들은 자기 시간과 여력을 '영향력의 원'에 더 많이 쏟아붓고 자신이 할 수 있는 일에 집중함으로써 '영향력의 원'을 점차 확장시킨다. 반면 소극적인 사람들은 타인의 단점, 외부 환경 등 자신이 통제할 수 없는 일에 집중해 남을 탓하고 하늘을 원망하며 핑계를 찾는다. 이번 주에 어떤 문제에 집중했는지 적어보고 그중 자신이 직접적으로 통제할 수 있는 것과 그렇지 않은 것을 구분해 각각 '영향력의 원'과 '관심의 원'으로 분류한다.

1) _____ (의 원)
2) _____ (의 원)
3) _____ (의 원)
4) _____ (의 원)

'관심의 원'으로 분류된 문제들 가운데 다른 요인들을 변화시켜 '간접적으로 통제할 수 있는' 것들이 있는가?

_____
_____
_____

이 단락을 보면 스티븐 코비는 '주도성'이라는 개념을 구체적이고 실천 가능한 방법으로 세분화하고, 이를 자신의 경험과 연계시켜 행동을 변화시킬 것을 강조했다. 그가 유도하는 대로 따라 하면 적극적이고 주도적으로 일을 처리할 수 있다.

스티븐 코비의 이런 방식은 어디에서 나왔을까? 이 역시 그가 고안해낸 것은 아니며 대부분은 심리학과 교육학 연구 결과에서 따온 것이다. '통제위치Locus of Control' 이론도 그중 하나다.

사회심리학에서 통제위치는 개인이 사건을 통제해서 영향을 미칠 수 있는 정도를 말한다. 이 개념은 줄리언 로터Julian B. Rotter가 1954년에 발표했으며 오늘날 개인 특성 연구에서 중요한 측면으로 자리매김하고 있다.

한 개인의 통제위치는 내부에 있을 수도 있고 외부에 있을 수도 있다. 통제위치가 내부에 있는 사람은 자기 인생을 스스로 통제하는 반면, 통제위치가 외부에 있는 사람은 그들의 인생이나 그들이 내리는 결정이 환경에 의해 좌우된다. 그런데 그들이 환경을 변화시킬 수 없으므로 그들은 자기 인생을 스스로 통제하지 못한다.

내부적 통제위치가 높은 사람은 인생을 스스로 창조하는 것이라고 생각한다. 예를 들어 내부적 통제위치를 가진 사람은 시험 성적이 좋지 않으면 준비가 부족한 탓이라고 생각하고 성적이 좋으면 자신의 학습 능력이 우수하기 때문이라고 생각한다. 반면 외부적 통제위치를 가진 사람은 시험 성적이 나쁘면 문제가 어려웠기 때문이라고 생각하고 시험 성적이 좋으면 선생님이 잘 가르쳐주었거나 운이 좋았기 때문이라고 생각한다.

스티븐 코비는 줄리언 로터의 통제위치 이론을 '관심의 원'과 '영향력의 원'이라는 자신의 언어로 바꾸었다. 이것은 앞에서도 여러 번 강조한 지식에 대한 이해와 활용에 속한다. 코비는 사회심리학의 개념을 자신의 언어로 더 쉽게 설명하고 더 쉽게 응용할 수 있는 방법을 제시한 것이다. 다시 말해 그는 학습자가 '통제위치'라는 지식을 '주도적인 능력'으로 전환시킬 수 있도록 도왔다.

스티븐 코비에 대한 호평이든 악평이든 모두 틀린 말이 아니다. 코비는 새로운 개념을 만들어낸 이론가는 아니지만 매우 우수한 학습촉진자이자 위대한 책뜯기 리더다. 그는 뛰어난 학습 능력을 가졌을 뿐 아니라 타인이 지식을 능력으로 전환시킬 수 있도록 도와주었다.

스티븐 코비의 책은 수많은 사람들에게 도움을 주었다.

1996년 《타임》은 코비를 가장 영향력 있는 미국인 25인 중 한 명으로 선정했고, 《포브스》는 『성공하는 사람들의 7가지 습관』을 '역사상 최고의 10대 경영서'에 포함시켰다.

학습자가 도달할 수 있는 최고의 경지는 스티븐 코비와 같은 학습촉진자가 되는 것이다. 선생님이나 강사만이 학습촉진자가 될 수 있는 것은 아니다. 사실 누구나 학습촉진자가 될 수 있다. 그리고 학습촉진자가 될 수 있다면 부하직원 관리, 자녀교육, 실력 향상 등 여러 측면에서 큰 도움을 얻게 된다는 것만큼은 분명하다.

05
책뜯기 공부를 위한 3가지 실천방법

 책뜯기 공부법을 어떻게 실행에 옮길 것인가? 나는 여기에서 3가지 구체적인 실천방법을 제시하려고 한다. 첫 번째 방법은 포스트잇 독서법, 그리고 두 번째 방법은 책뜯기 토론회, 마지막 세 번째 방법이 책뜯기 모임이다.
 혼자서 책뜯기 공부법을 이용해 독서를 한다면 '포스트잇 독서법'이 도움이 될 것이다. 또는 여러 사람이 함께 책뜯기 리더의 주도에 따라 책뜯기 토론회를 열 수도 있다. 그보다 더 나아가 책뜯기 모임은 일회성으로 끝나는 것이 아니라, 몇몇 사람들이 정기적이고 지속적인 프로그램을 통해 책뜯기 공부법을 실천함으로써 의식적으로 학습의 단계를 끌어올리고 책뜯기 리더를 양성하는 것이다.

포스트잇 독서법

포스트잇 독서법은 배우는 데 5분도 걸리지 않으며 즉시 실천할 수 있는 간단한 방법이지만, 학습자가 중심이 되고 실천에 초점을 맞추고 있으며 세 단계(R-I-A)를 거쳐 진행된다는 점에서 책뜯기 공부법의 핵심이 모두 담겨 있다. 이는 초급학습자를 빠른 시간 내에 고급학습자로 만들어주는 방법이기도 하다. 몇 번 실천해보면 공부 효과가 크게 향상되었음을 스스로 느낄 수 있을 것이다.

—피터 센게, 『학습조직의 5가지 수련』 중에서
사람들에게 새로운 사고방식을 가르치기 위해서는 억지로 주입하는 것이 아니라 그들에게 도구를 주고 그 도구를 이용해 새로운 사고의 모델을 만들어내도록 해야 한다.

포스트잇 독서법의 영감을 얻은 것은 알리바바그룹에서 진행된 토론회에서였다. 당시 참석자들은 토론회가 끝난 후 서점 계산대에 준비된 포스트잇에 자신의 소감을 적어서 벽에 붙였다.

우리는 참석자들에게 '참 좋았다'라는 식으로 막연한 소감을 적지 말고 앞으로 행동을 어떻게 바꾸고 배운 것을 어떻게 응용할 것인지에 대해 쓰도록 했다. 그렇게 하니 토론회 후의 평가와 반응이 훨씬 더 좋았다.

그 경험을 바탕으로 책뜯기 공부 중 생각한 내용들을 잊지 않도록 포스트잇에 메모해 책이나 벽에 붙여놓는 방법을 고안해 냈다.

포스트잇 독서법은 독서를 다양한 관점에서 대하고 읽은 후에는 현실에 활용할 수 있어야 한다는 원칙을 바탕으로 한다. 포스트잇을 사용하는 것은 책을 읽으면서 또렷한 사고를 유지하기 위함이다. 무엇보다 포스트잇은 주변에서 쉽게 구할 수 있고 간단히 사용할 수 있는 도구다. 효과적인 독서를 위한 다양한 방법들이 있지만 거창한 방법이 반드시 효과적인 것은 아니다. 방법 자체가 너무 복잡하면 어렵게 느껴져 선뜻 실천에 나서기가 어렵다.

이런 점에서 포스트잇 독서법은 가장 간단한 도구로 독서 효과를 최고로 높이는 방법이다. 포스트잇 독서법을 통해 다음과 같은 효과를 얻을 수 있다.

첫째, 주의력 집중에 도움이 된다. 둘째, 지식 자체가 아니라 사고방식과 응용에 초점을 맞출 수 있다. 셋째, 흥미를 높이고 실천을 통해 효과를 얻을 수 있다. 넷째, 독서 후 요약 정리가 간편하다. 다섯째, 학습 진도가 빨라진다. 여섯째, 어려운 내용이나 중요한 부분을 더 효과적으로 실천할 수 있다.

이제 포스트잇 독서법을 실제로 어떻게 활용하는지 살펴보자. 우선 손바닥 크기만 한 3가지 색깔의 포스트잇과 여러 색깔의 인덱스 포스트잇, 필기구를 준비한다. 3가지 색깔의 포스트잇은 각각 I(해석), A1(활용1), A2(활용2)로 구분해 메모할 것이다.

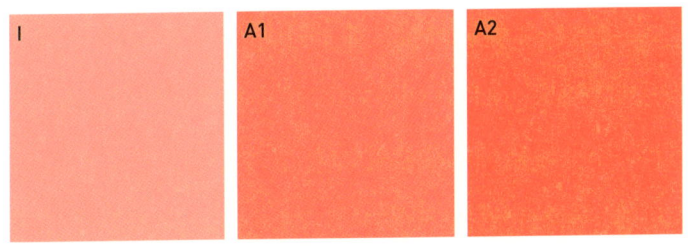

I: 책에서 얻은 지식을 자신의 표현으로 다시 메모한다.
A1: 그와 관련된 자신의 경험을 메모한다.
A2: 앞으로 어떻게 응용할 것인지 메모한다.

이와 같이 준비가 되었다면, 다음의 단계대로 실행에 옮기면 된다.

- 1단계: 읽을 책을 정한다. 특정 분야의 능력과 노하우를 기르고 실제 업무나 생활에 적용할 수 있는 책이라면 뭐든 좋다.
- 2단계: 책을 읽는다. 단, 책을 암기할 것처럼 대하지 마라. 사소한 단 한 가지라도 도움을 얻을 대목이 있다는 마음이면 충분하다.
- 3단계: 핵심개념, 중요한 메시지, 이해하기 힘든 부분이 나오면 우선 그것이 자신에게 유용한지 판단한다. 유용하다고 판단되면 책 읽는 속도를 잠시 늦추고 좀 더 자세히 읽는다.
- 4단계: 책에서 얻은 지식이나 느낌을 I 포스트잇에 자신의 표현으로 메모하여 해당 페이지에 붙인다.
- 5단계: 메모한 내용과 비슷한 경험이나 관련된 일을 A1 포스트잇에 적어 해당 페이지에 붙인다.
- 6단계: 책에서 얻은 지식(저자의 견해, 주장 등)을 자신의 경험에 비추어 생각한 후 새로 얻은 지식을 앞으로 어떻게 응용할 것인지 더 구체적으로 생각해 A2 포스트잇에 메모한다.
- 7단계: 포스트잇을 붙인 해당 페이지의 가장자리에 인덱스를 붙여 표시해둔다.
- 8단계: 이런 방법으로 책을 읽은 후 메모한 A2 포스트잇을 책상이나 벽에 붙여놓고 평상시에도 이를 응용하고 실천할 수 있

도록 한다.

책 속의 지식이 쉽고 간단하다면 I 포스트잇 메모는 생략하고 해당 부분에 줄을 긋기만 해도 무방하다. 메모는 가급적 포스트잇 한 장으로 끝내는 것이 좋다. I 포스트잇과 A1 포스트잇은 메모 내용이 많을 경우 한 장 더 사용해도 되지만 A2 포스트잇은 반드시 한 장으로 끝낸다. 또 다른 응용 방법이나 계획이 생각난다면 다른 A2 포스트잇에 메모한다. 응용 계획 한 가지에 포스트잇은 한 장씩만 사용한다.

인덱스는 어떤 페이지에 포스트잇을 붙였는지 표시하기 위함이다. 특히 책을 다 읽은 후 A2 포스트잇을 떼어내 벽에 붙일 때 편리하도록 하기 위해서다. 인덱스는 어느 정도 시간이 지난 후 벽에 붙였던 A2 포스트잇을 다시 책 속에 붙일 때도 유용하다.

포스트잇 독서법에 익숙해지면 누구든 고급학습자가 되고 자기 자신의 책뜯기 리더가 될 수 있다. 물론, 책의 몇 단락을 읽은 후 이를 자신의 말로 재구성하고 자신의 경험과 연계시켜 현실에서 응용하는 것이 처음에는 쉽지 않을 수 있다. 아직 해석하는 기술이 숙련돼 있지 않기 때문이다. 어떤 책이든 좋다. 자기계발서 한 권을 집어 손에 잡히는 대로 펼쳐들고 한두 단락 읽은 다음 I와 A단계를 실천해보자. 처음은 미흡할지라도 의식적으로 반복 연습하다 보면 당신도 R-I-A로 이어지는 책뜯기 공부법을 5분이면 완성할 수 있는 단계에 오를 수 있을 것이다.

책뜯기 토론회

책뜯기 토론회는 여러 사람들이 책뜯기 리더의 주도에 따라 책 속의 지식을 실제로 활용하는 법을 훈련하는 것이다. 이는 고급학습자가 학습촉진자로 한 단계 상승할 수 있도록 도와주는 방법이기도 하다. 고급학습자와 학습촉진자는 한 걸음 차이다. I의 기술을 충분히 연습한 고급학습자가 이를 다른 사람에게 적용시켜 그가 A의 단계로 들어설 수 있도록 도와주는 역할을 한다면 학습촉진자가 되는 것이다.

왜 이런 토론회가 필요할까? 책 속의 지식을 이해하고 소화하고 흡수한 다음 응용하기까지의 과정을 학습자 혼자서 해내기는 쉽지 않아도 학습촉진자의 도움이 있다면 성공할 가능성이 크게 높아지기 때문이다.

책뜯기 토론회에서 책뜯기 리더는 다음과 같은 방법과 순서로 학습자들의 책뜯기 공부를 이끈다.

	책뜯기 리더	학습자	
R	책 읽기 제시	해당 책의 단락을 읽는다	체험
I	해석	책뜯기 리더의 해석을 듣는다	사고
	참여 유도	사례와 상황을 경청한다	체험
A		사례 발표 및 토론에 참여한다	체험
I	경험 회상 유도	유사한 자신의 경험을 떠올려보고 연계시킨다	사고
		사례를 종합하고 가공한다	사고
A		자신의 경험과 사례를 발표한다	체험
I	활용 촉진	실제로 해결해야 하는 문제를 연상한다	사고
		앞으로의 활용 계획을 수립한다	사고
A		자신의 활용 계획을 발표한다	체험
I	평가 및 질의응답	평가를 듣고 질의응답에 참여한다	사고

책뜯기 토론회가 실제로 어떻게 진행되는지에 대한 구체적인 사례는 뒤의 5장에서 더 자세히 살펴보도록 하겠다.

책뜯기 모임

책뜯기 모임은 특정 구성원들이 모여 지속적으로 학습활동을 이어나가는 것으로 책뜯기 토론회보다 계획성, 목표성, 안정성이 강하다. 이를테면 책뜯기 모임은 학습형 조직을 이끌어가는 가장 효과적인 방법이라고 할 수 있다. 학습형 조직에는 학습촉진자가 여러 명 필요하고 지속적인 단체 학습활동도 필요하다.

지속적인 활동 속에서 책뜯기 리더들이 계속 배출될 수 있을 것이다.

책뜯기 모임을 꾸준히 진행하면 특정 분야의 능력을 체계적으로 향상시킬 수 있다. 매주 또는 격주로 책뜯기 모임을 꾸려 간다면 책뜯기 리더로 성장하는 데 큰 도움이 될 것이다.

실전 사례 1

/ 독서 R /

—이가, 『두라라 승진기』 중에서

연초부터 본사에서 아시아태평양 사업부에 영업 및 마케팅을 총괄하는 부사장이 새로 올 것이라는 소문이 파다하게 퍼졌다. 라라는 헛소문이라고 생각했지만 리스터가 그녀를 조용히 불러 헛소문이 아니라 사실이라고 귀띔해주었다. 이미 경영진들이 그렇게 결정했다는 것이었다. 첫째는 허하오더 중국 사업부 사장이 기업의 거시적인 관리에 더 전념하기 위함이고, 둘째는 허하오더의 임기가 1년 남짓밖에 남지 않아 차기 사장이 될 후임자를 키우기 위함이라고 했다. 라라가 말했다.

"토니 린을 부사장으로 키우기로 한 게 아니었어요?"

라라는 말을 내뱉자마자 자신의 질문이 적절치 않았다고 느꼈다. 미국계 기업이기 때문에 중간관리자까지는 현지화되어 있어도 부사장 직급부터는 거의 모두 본사에서 미국인으로 직접 임명하고 있었다. 미국 본사에서 중국인들을 온전히 신뢰하지 못하기 때문이었다. 그런데 리스터도 미국인이므로 라라는 말실수를 한 셈이었다. 하지만 리스터는 별로 신경 쓰지 않고 솔직하게 말했다.

"회사에 곧 대규모 구조조정이 있을 거야. 기업고객부를 A와 B 둘로 나눌 예정이지. 그러면 매출액도 총매출액의 30퍼센트와 25퍼센트로 각각 나뉘게 되는데 토니는 이 중에서도 규모가 작은 B부를 맡게 될 거야."

라라가 깜짝 놀랐다.

"예전 상태로 돌아가는 거잖아요."

리스터가 고개를 끄덕였다.

"그래. 중국에 '오래 나뉘어져 있으면 반드시 합쳐지고 오래 합쳐져 있으면 반드시 나누어진다'는 속담이 있던가?"

"토니에게는 나쁜 소식인 거죠? 어쨌든 회사에 공을 세웠는데 승진도 못하고 오히려 입지가 줄어드니 말이에요."

"회사가 노리는 게 바로 그거야. 사업 전체를 토니에게 맡겨버리면 그가 회사와 거래를 할 수도 있잖아? 이번 예산 책정 때도 그랬어. 토니가 남부와 중부의 예산을 삭감하고 자신이 있는 북부로 예산을 몰아주었더군. 자기 세력을 키우려고 한 거야. 허하오더를 너무 호락호락하게 본 거지. 토니는 자기 세력을 모아서 회사와 거래를 하려고 했어. 그건 회사로서는 커다란 금기를 범한 것이야."

라라는 뭔가 깨달은 듯 말했다.

"그랬군요. 저는 그가 직원들의 연봉을 올려주기 위해 예산을 확보하는 거라고 생각했어요."

평소 토니를 못마땅하게 생각하고 있던 리스터는 라라 앞에서 너무 노골적으로 말한 것이 내심 불안했는지 서둘러 부연 설명을 했다.

"물론 이번 조치가 토니를 겨냥한 건 아니야. 조직의 안전을 위한 것이지. 업무가 한 사람에게 집중되는 건 좋지 않아. 그 사람에게 무슨 일이 생기거나 회사와 갈등이 생기면 큰일이니까 말이야."

라라가 고개를 끄덕였다.

"그런데 토니도 이 사실을 아나요?"

"신임 부사장이 다음 달에 올 것 같아. 허하오더가 수일 내로 토니와 다른 총괄책임자들에게 얘기를 하겠지."

라라가 걱정스럽게 물었다.

"토니가 반발해서 이직하면 어쩌죠?"

"그럴지도 모르지. 하지만 토니는 우리 회사에서 특별히 기회를 준 덕분에 고속 승진할 수 있었던 거야. 다른 회사에서도 똑같은 대우를 받을 수 있을지는 미지수라고."

/ 해석 I /

책뜯기 리더   두라라는 상사에게 여러 질문을 던지며 대화를 하고 있습니다. 저는 여기서 '질문'에 대한 이야기를 해보고 싶습니다. 여러 기업에서 소통에 대해 강의할 때 사전에 몇 가지를 조사합니다. 학습자들이 이 강의를 통해 어떤 문제를 해결하고 어떤 능력을 기르고 싶어 하는지 말이죠. 제일 흔히 나오는 것들이 타인을 설득하는 능력, 정확하게 표현하는 능력, 갈등을 해결하는 능력, 감정을 통제하는 능력 등입니다. "엘리베이터에서 회사 임원과 마주쳤을 때 어떻게 하면 자연스럽게 말을 걸 수 있을까요?"라고 구체적인 질문을 던지는 분들도 있습니다. 그런데 질문 능력을 향상시키고 싶다고 말하는 사람은 아직까지 없었습니다. 대부분의 사람들은 소통이 큰 효과를 내지 못하는 것이 잘 표현하지 못하기 때문이고, 남들과 다툼이 생기는 것은 설득력이 부족하기 때문이라고 생각합니다. 어떻게 말할 것인지만 생각하고 있는 것이죠.

그러나 질문하는 것이 표현하는 것보다 더 '소통'의 취지에 적합합니다. 표현은 일방적일 수 있지만 질문은 반드시 양방향으로 이루어져야 하기 때문입니다. 유창한 표현은 자기 자신만 생각하지만 절묘한 질문은 상대방까지 모두 고려합니다. 물론 질문에도 좋은 질문과 나쁜 질문이 있습니다. 추궁, 의심, 도전, 잘난 척하려는 질문이 나쁜 질문이고 호기심, 탐구, 존중, 이해를 위한 질문이 좋은 질문입니다. 이런 관점에서 볼 때 두라라의 질문 방식은 어땠나요?

두라라의 질문은 모두 폐쇄형 질문에 해당합니다. '예'나 '아니오' 또는 '맞아요'나 '틀려요' 혹은 '돼요'나 '안 돼요'로 대답할 수 있는 질문이죠. 일대일 소통이기 때문에 폐쇄형 질문을 연달아 하는 것은 좋지 못합니다. 상대방이 다른 방향에서 생각할 수 없도록 하기 때문입니다. 우리는 이 대목에서 질문 능력을 기를 수 있는 중요한 포인트를 발견할 수 있습니다. 일대일 소통에서는 많이 질문하는 것이 좋고 또 개방형 질문을 해야 한다는 것이죠. 이 사례는 매우 간단합니다. 이 대목에 나오는 두라라의 질문들을 호기심, 탐구, 존중, 상대방에 대한 이해 등을 표현하는 개방형 질문으로 바꾸어보면 어떨까요?

/ 활용 A /

책뜯기 리더의 유도에 따라 책의 여백에 자신이 분석한 내용을 메모하고 질문 능력을 연습해본다.

_____
_____
_____
_____
_____

/ 독서 R /

―이가, 『두라라 승진기』 중에서

리스터가 광저우에서 열린 세미나에 참석했다가 갑자기 무슨 생각이 떠올랐는지 라라에게 뜬금없는 질문을 던졌다.

"상하이 지사의 인테리어를 새로 하려면 예산을 얼마나 신청해야 할까?"

라라가 곰곰이 생각에 잠겼다가 대답했다.

"750만 위안이요."

리스터가 깜짝 놀라며 반문했다.

"어떻게 계산한 거지?"

라라가 막힘없는 분석을 펼쳤다.

"현재 상하이 지사의 인테리어는 5년 전에 했던 거라 새로 바꿔야 할 게 많을 거예요. 커튼, 천장의 전등, 스프링클러 같은 것들도 새로 해야겠죠. 또 상하이 지사의 가구들도 대부분 8년 된 것들이에요. 교체 시기가 지났죠. 교환기 시스템도 10년이 되어서 권장 사용기한이 지났고요. 교체하지 않으면 시스템에 문제가 생길 수도 있어요. 현재의 4500제곱미터 면적의 임대계약을 연장하면 연장기간이 보통 2~3년이에요. 우리 회사의 중국 사업이 확대되고 있는 걸 감안할 때 앞으로 2~3년 후까지 사용하려면 면적을 10퍼센트 가량 늘려서 5000제곱미터를 임대하는 게 좋을 것 같아요. 1제곱미터당 적정 임대료가 약 1500위안이니까 전부 합치면 총예산이 약 750만 위안이에요."

두라라의 날카로운 분석에 리스터는 속으로 깜짝 놀랐다.

"기간은 얼마나 걸릴 것 같아?"

라라는 이번에도 능숙하게 대답했다.

"아마 미국 본사에서 프로젝트에 적극 관여할 거예요. 상하이처럼 큰 프로젝트는 아시아태평양 사업부의 승인만으로는 진행할 수 없어요. 최종적으로 미국 본사에서 승인을 받아야 하고 또 그 과정에서 법무부, 자재부, IT부, 재무부의 협조를 받아야 해요. 정상적인 상황에서 미국 본사는 이 프로젝트의 완성 기한을 9개월로 제시할 거예요. 실제 공사가 진행되는 건 그중 3개월이겠죠. 공사 전과

공사 후에 필요한 시간이 약 6개월이고요."

　리스터는 라라의 이야기를 경청하며 상하이로 돌아가면 메이구이와 상의해야겠다고 생각했다. 라라의 말에 그도 대부분 동의했다. 라라가 매우 진지했고 분석도 조리 있었으며 전문적이었기 때문이다.

/ 해석 1 /

책뜯기 리더　　디테일의 힘이라는 말도 있듯이 디테일은 매우 중요합니다. 리스터는 두라라에 대해 '조리 있고 전문적'이라는 평가를 내렸습니다. 그녀가 사실을 근거로 디테일하게 이야기했기 때문이죠. 우리도 이런 습관을 길러야 합니다. 그런데 저는 여기서 두라라가 놓친 것은 무엇인지도 짚어보면 어떨까 싶습니다. 그래서 이번 주제는 '두라라를 뛰어넘어라'입니다.

　두라라가 어떤 상황이었는지 기억하시나요? 두라라는 DB사 광저우 지사의 책임자입니다. 그녀의 직속상사는 상하이 지사의 책임자인 메이구이이고 리스터는 메이구이의 상사죠. 그러니까 리스터는 두라라의 상사의 상사입니다. 상하이 지사의 사무실을 새로 인테리어 한다면 누가 책임자가 될까요? 메이구이입니다. 메이구이는 사전에 이미 예산을 계산해 리스터에게 보고를 했습니다. 그녀가 산출한 예산은 450만 위안이었고요. 리스터는 메이구이에게 이야기를 들은 후 그대로 보고서를 제출했는데 썩 마음이 놓이지 않았습니다. 그래서 광저우에 갔다가 두라라를 만난 김에 그녀에게 물어본 것이죠. 리스터는 두라라가 이렇게 자세하게 대답하리라고는 예상하지 못했을 겁니다. 갑작스러운 질문에도 두라라가 '조리 있고 전문적인' 대답을 내놓는 것을 보고 리스터는 그녀가 평소에도 디테일한 부분을 놓치지 않으려고 노력한다는 것을 알았을 것입니다. 두라라는 750만 위안의 예산을 제시했습니다. 일리 있는 분석이었죠. 이 대답으로 그녀는 상사의 상사에게 강한 인상을 남겼습니다.

그러나 이 대화 이후 상하이로 돌아간 리스터는 오히려 메이구이를 승진시킵니다. 두라라의 분석은 자세하고 전문적이었지만 그 효과가 크지는 않았던 것 같습니다. 왜일까요? 디테일한 사실과 정보만으로는 부족할 때도 있습니다. 의사결정자들에게 제시하는 보고에는 사실, 관점, 건의, 예측이라는 4가지 요소를 갖춰야 합니다. 건의는 구체적이고 명확해야 하며 예측은 긍정적인 예측과 부정적인 예측을 모두 포함해야 합니다. 그러면 상사는 '조리 있고 전문적'이라는 평가에 그치지 않고 '치밀하고 신뢰할 수 있다'는 인상을 받게 될 것입니다. 훌륭한 보고는 상사에게 자신의 성실함과 꼼꼼함을 보여주는 것일 뿐 아니라 빈틈없이 일하고 있으므로 안심하고 중요한 일을 맡길 수 있음을 알려주는 것입니다. 전자는 좋은 직원이고, 후자는 후임자로 기를 만한 인재인 것이죠.

이런 관점에서 두라라의 '보고'를 다시 한 번 살펴보세요. 여러 부서의 협조를 얻는 것이 쉽지 않다는 것을 알았다면 이를 해결할 수 있는 방법을 건의하고 그 건의에 따랐을 때의 결과까지 예측했어야 합니다. "법무부, 자재부, IT부, 재무부 등의 책임자를 모두 소집해 회의를 열고, 이 프로젝트가 중요하고 시급한 일임을 확실히 알린 후에 협조를 구할 수 있습니다. 아니면 이 프로젝트를 수행할 전

담팀을 구성할 수도 있습니다. 이 경우 각 부서 간 업무 협조 과정을 크게 줄일 수 있으므로 프로젝트 완성 기간을 3분의 2로 단축할 수 있을 것입니다. 하지만 이렇게 하면 각 부서의 책임자들이 시간을 빼앗긴다고 불평할 수 있으므로 미리 준비를 해야 합니다." 이렇게 덧붙인다면 어떨까요?

우리 함께 두라라를 뛰어넘어봅시다. 각자에게 필요한 '보고' 상황을 가정하고 4가지 요건에 맞추어 보고서를 작성해봅시다. 어떤 내용이든 괜찮습니다.

/ 활용 A /

학습자 1　　요즘 우리 회사에서 판촉 이벤트를 준비하고 있어요. 장소와 이벤트의 수준이 아주 중요하죠. 상사가 이 일에 각별한 신경을 쓰며 수시로 물어보는 통에 스트레스가 이만저만이 아닙니다. 앞으로는 이벤트의 특징과 장소제공업체의 현황에 대해 사실대로 자세히 보고하고 '종합적으로 고려할 때 5성급 호텔에서 진행하는 것이 좋겠다'고 건의할 겁니다. 그러고는 A와 B 두 호텔을 제시하고 A와 B를 선택할 경우 각각의 장점과 발생할 수 있는 문제점을 설명하겠습니다.

학습자 2　　(사실) 책뜯기 토론회에 참석했다. 오늘 토론한 책은 『두라라 승진기』다. 책뜯기 리더가 그중 몇 개의 단락을 추려내 분석한 후 어떻게 응용할 것인지 생각해보고 자신의 사례를 발표하도록 했다. (의견) 나는 이 공부법이 매우 참신하고 효과적이라고 생각한다. 배운 것을 실전에 응용할 수 있다는 점이 가장 마음에 든다. (건의) 우리 회사 동료들에게 책뜯기 토론회에 참여하라고 권유할 것이다. (예상) 공부에 흥미를 느끼고 실력을 기를 수 있으며 혼자서 책을 읽을 때에도 책뜯기 공부법을 이용하면 업무 능력을 향상시킬 수 있다. 반면 개인시간을 소모해야 하고 독서에 흥미가 없는 사람들은 이 방식에 익숙해지기가 힘들 수도 있다.

/ 독서 R /

─이가, 『두라라 승진기』 중에서

허하오더가 라라에게 말했다.

"회사의 SOP Standard Operating Procedure (표준운용절차)를 개선해야 하네. 무슨 일을 하든 어떤 직급이 결정권을 가질 것인지, 할 수 있는지 없는지, 어떻게 해야 하는지, 누가 할 것인지, 언제까지 완료할 것인지 모든 것이 SOP에 규정되어 있어. 또 다 끝내지 못한 일을 평가하고 해결방법을 모색할 수 있도록 특별한 절차도 만들어놓아야 해."

허하오더가 계속 말을 이었다.

"그러면 직원들 사이에서 갈등이나 대립이 줄어들 수 있을 거야. 결정권을 가진 사람은 무슨 일이든 SOP를 근거로 승인 여부를 판단해야 해. 우린 대기업이잖아. 대기업에서는 개인의 주관적인 의견에 치우친 결정을 최대한 피하고 제도로써 관리해야 해."

라라는 허하오더의 말이 옳다고 생각했다. 그녀는 SOP 업무에 적합한 한 동료를 허하오더에게 추천했다. 그다음 경영진에게 SOP를 승인받은 후 허하오더의 지시에 따라 재무부의 SOP 담당직원과 함께 전국 지사를 돌아다니며 이 SOP의 규정을 홍보했다.

DB사의 중국 사업부가 SOP를 본격 도입한 후 중국에서 SOP가 유행하기 시작했다. 미국 기업들의 SOP는 세계적으로도 가장 전문적이고 엄격하며 다양하다. SOP를 보급한 후 DB사의 중국 사업부는 큰 효과를 거두었다. 무슨 일을 하든 어떤 순서로 할 것이며 시간이 얼마나 걸릴 것인지 SOP에서 찾을 수 있었다. 라라도 개인적으로 SOP의 덕을 보았다. 동자밍이 리스터를 찾아가 라라가 잘못을 저질렀다고 불만을 제기했지만, 라라는 모든 일을 SOP에 따라 처리했기 때문에 그가 주장하는 잘못의 근거를 찾기가 힘들었다.

이 일로 라라는 또 한 가지 경험을 쌓았다. SOP가 문제의 해결방법을 제시하고 결정의 근거가 될 뿐 아니라 직원들 사이에 이견이 발생했을 때 사적인 갈등이나 회사의 위기를 피할 수 있도록 해준다는 사실이다.

/ 해석 I /

책뜯기 리더　　20세기에 가장 큰 영향을 미친 인물은 누구일까요? 사람마다 다른 답을 내놓겠지만, 많은 경제사회학자들이 세계를 변화시킨 인물로 꼽는 사람이 있습니다. 바로 포드입니다. 올더스 헉슬리 Aldous Huxley 의 소설 『멋

『멋진 신세계』를 보면 미래에는 포드가 발명한 컨베이어 벨트가 인류를 완전히 변화시켰음을 기념하기 위해 '서기'를 '포드력'으로 바꾸고 포드 기원을 사용합니다. 컨베이어 벨트는 20세기의 중요한 발명품 중 하나입니다.

컨베이어 벨트가 무엇입니까? 제품 생산과정을 잘게 나누고 각 부분에서 무엇을 하며 서로 어떻게 연결되는지를 정의하는 것입니다. 그렇다면 SOP는 무엇일까요? 일이 이루어지는 절차를 잘게 나누어 각각의 부분에서 무엇을 하고 누가 책임을 지며 어떻게 연결할 것인지를 정의하는 것입니다. 이 둘 사이의 공통점을 발견하셨나요? SOP는 컨베이어 벨트를 발전시킨 것입니다. 기업의 모든 일을 컨베이어 벨트 위의 제품처럼 분명하게 나눌 수 있습니다. 이것이 바로 SOP입니다.

여러분들이 읽은 이 단락을 보면 SOP의 장점이 잘 설명되어 있습니다. 여기에서 주목할 것이 '사적인 갈등이나 회사의 위기를 피할 수 있도록 해준다'는 장점입니다. 어떻게 사적인 갈등을 피할 수 있을까요? 제도가 생기면 책임 소재가 확실해지고 업무의 정의도 명확해지기 때문에 문제가 발생하면 객관적인 근거를 찾기도 쉽습니다. 그러므로 사적인 갈등과 주관적인 억측, 모호한 공사 구분 등의 문제를 피하고 조화를 이룰 수 있습니다.

아주 쉬운 예를 하나 들어보겠습니다. 저와 제 아내는 결혼 전에 10가지 조항에 합의했습니다. 그중 네 번째가 '밥을 하지 않는 사람이 설거지를 한다'는 것입니다. 간단하고 명확해서 두 사람 모두 동의할 수 있는 원칙입니다. 덕분에 사적인 갈등과 위기를 피할 수 있었죠. 일을 이렇게 명확하게 구분하고 정의해야만 조화를 이룰 수 있는 이유는 무엇일까요? 모두가 한 가지 전제를 인정하기 때문입니다. 아내가 하루 종일 힘들게 일하고 퇴근했으니 내가 저녁상을 차리고 식사 후에 자발적으로 설거지를 한다면 어떨까요? 아내는 고마워하면서 "당신은 정말 자상해"라고 말할 겁니다. 그건 원칙적으로 아내가 해야 하는 일까지 해주었기 때문이죠. 반대로 나는 밥을 하고 설거지도 했으니 칭찬받을 일을 했다고 생각하지만 아내는 그것을 당연히 일찍 온 내가 해야 할 일이라고 생각한다면 갈등이 생깁니다.

    이처럼 회사에서의 업무는 물론 일상생활에서도 SOP를 수립한다면 사적인 갈등과 위기를 피할 수 있을 것입니다. 영업사원들 간의 거래처 분쟁, 회의 지각, 명절에 남편의 부모님께 갈 것인지 아내의 부모님께 갈 것인지 등등 작은 일이라도 갈등이 생기기 쉽다면 SOP를 수립해 해결할 수 있습니다.

/ 활용 A /

책뜯기 리더의 유도에 따라 책의 여백에 자신의 사례와 이후 어떻게 실행할 것인지 적어본다.

_____

_____

_____

_____

PART4 / 학습

뜯어내듯 읽어라,
온전히 내 것으로 소화하라

독서는 단순히 지식의 재료를 공급할 뿐,
그것을 자신의 것으로 만드는 것은 사고의 힘이다.

—존 로크 John Locke

01
도구는 이론을 바탕으로 해야 한다

책뜯기 공부법의 실천방법을 실제로 따라 해보기 전에 먼저 알아둬야 할 것이 있다. 포스트잇 독서법이나 책뜯기 토론회, 책뜯기 모임과 같은 방법들은 우리가 도달하고자 하는 목표를 이루기 위한 일종의 '도구'다. 나는 여기서 이런 도구들의 바탕이 된 이론에 대해 살펴보고자 한다. 왜 이론을 알아야 할까?

—피터 센게, 『학습조직의 5가지 수련』 중에서

도구는 이론을 바탕으로 해야 한다. 이론을 바탕으로 한 도구만이 사람의 사고방식을 변화시킬 수 있기 때문이다.

도구가 없는 이론은 공허하고, 이론이 없는 도구는 맹목적인 법이다. 이론적 기초가 없는 도구는 어떤 상황에서는 효과를 발휘할 수 있지만 그것이 어떻게 효과를 발휘하는지, 어떤 상황에서는 효과를 발휘할 수 없는지 알 수 없다. 게다가 이론적 기초가 없는 도구는 사용하는 사람에 따라 효과가 다르게 나타날 수도 있다.

예를 한번 들어보자. 부하직원들의 행동력 부족 때문에 고민하던 한 팀장이 우연히 엘버트 허바드Elbert Hubbard가 쓴 『가르시아 장군에게 보내는 편지』라는 책을 읽었다. 이 책은 미국에서 100여 년 전에 출간되어 무려 1억 부 이상이 팔린 세계적인 베스트셀러로, 미국이 스페인으로부터 쿠바를 독립시키기 위해 전쟁을 치를 때의 실화를 배경으로 한 책이다. 미국 대통령이 쿠바 반군의 지도자인 가르시아 장군에게 쓴 편지를 전달해야 하는 임무를 맡은 로완 중위의 이야기를 통해 훌륭한 인재와 경영에 관한 교훈을 전해주는 내용이다.

이 책을 인상적으로 읽은 팀장은 특히 로완 중위가 상사의 지시를 듣고 아무런 질문 없이 임무를 묵묵히 이행해나가는 과정에 크게 공감했다. 자신의 부하직원들도 로완 중위 같은 인재가 되어주길 바라는 마음에 그는 직원들에게 모두 이 책을 읽고 실천하라고 강조했다.

그러나 팀장의 기대와 달리 부하직원들은 그 이후에도 크게 달라지는 것이 없었다. 팀장이 기대했던 효과와 실제 직원들이 책을 읽고 느낀 것의 차이가 컸기 때문이다.

또 다른 예를 들어보자. 마케팅 분야의 많은 도구와 방법론들이 모든 상황에서 항상 타당하게 들어맞는 것은 아니다. 이론을 깊이 연구해보면 각각의 도구와 방법론들은 빠르게 회전되는 소비 업종에 적용할 수 있는 것, 문외한인 고객들에게만 적용할 수 있는 것, 속속들이 잘 아는 전문고객들에게 적용할 수 있는 것 등등 실제로 적용할 때 구분해서 활용해야 하는 경우가 많다.

이처럼 이론에 대한 이해가 있어야 도구의 활용 능력 또한 커질 수 있다. 따라서 우리는 책뜯기 공부법을 더 잘 활용해나갈 수 있도록 그 이론적 배경에 대한 이해를 넓힐 필요가 있다.

책뜯기 공부법은 앞에서 언급했듯이 말콤 노울즈가 제시한 성인교육학의 이론을 바탕으로 하고 있다. 이를 간단하게 정리해보면 다음 페이지의 표와 같다.

이제 각 도구에 해당하는 이론에 대해 하나씩 짚어볼 것이다. 이에 대해 이해하는 과정은 곧 책뜯기 공부의 올바른 방향을 잡

아주고, 책뜯기 공부의 깊이를 더 공고히 다져줄 길잡이가 될 것이다.

도구	대상	이론
포스트잇 독서법	고급 학습자	체험 – 사고: 깊이 체험하고 깊이 사고한다
		경험 연계: 지식을 나 자신과 연계시킨다
		사고모델: 고수의 문제해결 능력을 배운다
		재구성식 지식: 지식을 재구성하여 활용한다
책뜯기 토론회 및 모임	학습 촉진자	귀납 – 연역: 귀납적 학습과 연역적 학습을 오간다
		연역적 추리를 위한 3가지 학습 : 내러티브 학습, 체화 학습, 상상 연습을 한다
		청자형과 독자형: 듣기와 읽기, 유용한 방식을 취한다
		P2P식 학습: 연결하고 공유하며 상호작용한다

02
깊이 체험하고 깊이 사고한다

—찰스 핸디, 『포트폴리오 인생』 중에서

나는 경영 과정의 책임자로서 진취적인 경영 관리자들을 교육하게 되었다. 나는 모든 참가자들에게 자기 인생에서 가장 중요한 공부의 경험을 떠올려보라고 했다. 많은 이들에게 물어보았지만 대학시절이나 대학 졸업 후에 참여했던 어떤 교육 프로그램이라고 답한 사람은 한 명도 없었다. 대부분의 사람들이 죽을 뻔한 고비나 사업이 파산했던 일 등 자신의 능력으로는 해결할 수 없었던 경험들을 이야기했다. 그럴 때마다 나는 이렇게 말했다.

"이 교육 프로그램도 여러분들에게 깊은 인상을 남길 수 없을 것입니다. 이 교육 프로그램을 통해 과거를 반성하고 과거의 경험을 이해할 수 없다면 말입니다. 그러나 이 교육 프로그램을 통해 자신을 돌이켜보고 자신의 경험을 깊이 이해하게 되는 지점에 도달한다면 앞으로 더 어려운 문제와 맞닥뜨렸을 때 더 효과적으로 대처할 수 있을 것입니다. 경험과 사색이 더해질 때 가장 중요한 지식이 됩니다."

지혜로운 사람이 되고 싶은가? 이 질문에 그렇지 않다고 대답하는 사람은 없을 것이다. 그런데 지혜란 과연 무엇일까? 많은 학자들의 연구 결과에 따르면 두뇌가 비상하다고 해서 반드시 지혜로운 것은 아니다. 지혜로운 사람들은 어떻게 남의 말을 경청하는지 알고, 각기 다른 유형의 사람들과 교류하는 법을 안다. 지혜로운 사람들은 명확하고 공정한 판단을 내릴 줄 알며, 타인의 경험에서 자신에게 이로운 점을 배우고 교훈을 얻을 줄 안다.

  지혜의 핵심은 곧 경험을 어떻게 처리하느냐에 있다. 경험을 깊이 돌이켜보고 이 과정에서 교훈을 얻고, 이를 자기 생활에 적용할 수 있다면 지혜로운 사람이라고 할 수 있다.

  말콤 노울즈 역시 경험은 학습의 중요한 자원이라고 강조했다. 그는 "학습은 각종 경험을 지식으로 전환시키는 것이다. 그러나 모든 경험이 학습을 유발시키는 것은 아니며 '성찰적 실천'이 이루어져야만 학습 효과를 낼 수 있다고 했다. 다시 말해서 경험의 역할은 의의, 가치, 전략, 기술의 수정, 전환, 재조합 등에 있으며 경험이 이런 역할을 하기 위해서는 반드시 반성을 바탕으로 깊이 사고해보는 과정이 필요하다"라고 말했다. 따라서 '성찰적 실천'에서 가장 중요한 것은 경험에 대한 반성적 사고이며, 이는 다음과 같이 네 단계의 과정을 통해 이루어진다.

연계 Association : 새로운 지식과 자신의 경험을 연계시킨다.

⇓

통합 Integration : 여러 지식 사이의 연결점을 찾는다.

⇓

확인 Validation : 새로 알게 된 관점과 느낌을 확인한다.

⇓

활용 Application : 지식을 자기 능력으로 전환시킨다.

책뜯기 공부법에서는 이 과정을 '책을 뜯어서 자기 것으로 소화한다'고 말한다. 이 네 단계에서 책뜯기 리더의 역할과 학습자의 인지과정은 다음과 같이 진행된다.

책뜯기 리더	학습자
⇓	⇓
활성화 Vitalization 과거의 경험을 떠올려 지식과 결합시킴으로써 사례를 가공한다. 질문, 테스트, 격려 등의 기술이 필요하다.	**연계** Association 새로운 지식과 자신의 경험을 결합시킨다.
⇓	⇓
촉진 Facilitation 행동을 촉진하고 참여, 모방, 상호작용을 돕는다.	**통합** Integration 새로운 지식과 기존의 지식 및 경험을 결합시킨다.
⇓	⇓
촉매 Catalysis 지식을 더 쉽고 빠르고 정확하게 행동으로 전환시킬 수 있도록 한다.	**활용** Application 응용을 통해 지식을 자기 능력으로 전환시킨다.

 교육학자 잭 매지로우Jack Mezirow는 "자기 경험의 의의를 이해하는 것은 인간에게 가장 기본적으로 필요한 활동"이라고 말했고, 찰스 핸디 역시 교육 실천가의 입장에서 "경험과 반성적 사고를 결합한 것이 가장 중요한 지식"이라고 강조했다.
 히브리어에서 지혜를 뜻하는 '호크마Hokma'라는 단어는 '지식을 생활에 응용하는 것'을 의미한다. 단순히 머릿속에만 머물러

있는 지식이 아니라 인생에 있어서 실제적인 효과를 발하는 지혜이며, 경험을 통해 축적된 지식이자 능력을 뜻하는 것이다.

먼저 경험한 것을 후에 돌이켜 반성하고, 이를 다시 생활에 적용하는 것이야말로 지식을 완성시켜나가는 또 다른 체험의 과정이다. 깊이 체험하고 깊이 사고하라. 책뜯기 공부를 얼마나 효과적으로 해낼 수 있느냐는 바로 여기에 달려 있으니 말이다. 앞에서 제시했던 공식을 다시 한 번 상기해보자.

학습자의 활용 A = 체험 + 사고

03
지식을 나 자신과 연계시킨다

―엘리엇 애런슨, 『사회심리학』 중에서

자기중심적 사고가 무의식중에 나타날 때, 여기에는 종종 과거의 시간과 정보에 대한 기억이 포함되어 있다.

사람들은 대부분 자신에 대해 실제보다 더 좋은 기억을 갖고 있다. 여러 사람들 사이에서 일할 때 우리는 자신의 성과에 집중하고 자기 성과만 기억하려는 경향이 있기 때문에 타인의 성과에 대해서는 일부만 기억한다.

또 어떠한 정보가 생성되는 과정에서 자신이 적극적인 역할을 발휘했다면, 그 정보들은 수동적으로 받아들인 정보보다 더 잘 기억하는 경향이 있다.

마지막으로 우리는 자신과 관련된 정보는 더 쉽게 기억하려는 경향이 있다. 바꿔 말하면, 특정 용어나 대상을 자신에게 어떻게 적용할 것인지 고민할 때 그것을 더 잘 기억할 수 있다. 기억 속에 존재하는 자기중심적 사고는 학습자에게 현실적인 의의를 가진다. 그러므로 책 속의 지식을 기억하는 가장 좋은 방법은 개인적인 경험과 연계시켜 어떻게 하면 그것을 자신에게 적용시킬 것인지 고민하는 것이다.

기억에는 감각기억Sensory Memory, 작업기억Working Memory, 장기기억Long-term Memory이라는 3가지 유형이 있다. 이 3가지 기억은 각기 다른 구조를 갖는다.

감각기억은 이미지, 소리, 진동 등 시각, 청각, 촉각을 통해 기억체계로 들어온다. 저장 시간이 가장 짧으며 시간이 흐르면 작업기억으로 들어가거나 그렇지 못한 것은 소실된다.

작업기억은 정보들을 일시적으로 보유하고, 각종 인지적 과정을 계획하고 순서 지으며 실제로 수행하는 기억을 말한다. 단기기억Short-term Memory이라고 부르기도 하며 저장시간은 5~30초다.

장기기억은 용량에 제한이 없고 정보가 몇 분에서 평생 동안 보존되는 기억이다. 우리가 평소에 "기억했다"고 말하는 것은 모두 정보가 장기기억 속에 저장된 것을 의미한다.

여러 번 반복하면 정보를 장기기억 속에 저장할 수 있다는 것은 모두 알고 있는 사실이다. 그러나 책을 읽을 때 이런 단순한 반복은 그다지 도움이 되지 않는다. 유의미 학습Meaningful Learning과 정교화Elaboration를 통해 장기기억으로 들어가는 과정을 거쳐야만 학습자의 행동을 변화시킬 수 있다.

이를테면, 영단어를 장기기억에 저장시키는 방법에는 2가지가 있다. 첫 번째는 그냥 단어를 암기하는 것이고, 두 번째는 영어 문장을 많이 읽어 단어들을 기억하는 것이다. 단어를 기억하는 데 어떤 방법이 더 효과적일까? 말할 것도 없이 두 번째 방법이다. 더 나아가, 영어 문장을 읽고 기억하는 과정에서 해당 영어 문장의 의미가 자신의 경험과 연결된다면 실제적인 효과는 더 커질 것이다.

다음의 유머 한 토막을 보면, 유의미 학습과 장기기억의 관계를 더 쉽게 이해할 수 있을 것이다.

누군가 재판관에게 물었다.

"이웃사람이 내게 물소를 닮았다고 욕했습니다. 그를 고소할 수 있습니까?"

재판관이 대답했다.

"물론입니다. 언제 있었던 일입니까?"

"2년 전이요."

"2년 전 일을 왜 이제 와서 고소하려는 거죠?"

"물소가 어떻게 생겼는지 어제서야 알았지 뭡니까!"

그전까지만 해도 '물소'란 그저 아무 의미도 없는 명사였지만, 물소를 직접 보고 난 후에 이는 자신과 관련된 특별한 단어가 되어버렸다. 물소에 관한 자신의 기억을 떠올리게 만들었기 때문이다. 그는 그제야 이웃이 한 말 속에 들어 있는 뜻을 이해하게 되었고 기억 속에 깊이 각인되었다.

또 다른 예를 들어보자. 10가지 각기 다른 노트북 모델과 사양을 암기한다고 해보자. 어떻게 하는 것이 가장 좋을까? 10가지 모델을 암기하는 데 모두 동일한 시간을 안배할 필요는 없다. 먼저 자신이 가장 좋아하는 모델을 골라 자신에게 주어진 시간의 3분의 2쯤 할애해 세부 사양을 익힌다. 그런 후에 나머지 9개 모델의 세부 사양을 그것과 비교하고 연결시킨다면 짧은 시간에 높은 효과를 거둘 수 있다.

책뜯기 공부법에서 학습자들에게 자신의 경험을 연계시키고 향후 응용 계획을 세우게 하는 이유가 바로 여기에 있다. 지식을 자기 자신과 연계시켜라. 그럴 때 지식의 의미가 더 깊이 다가올 것이며 더 오래오래 기억할 수 있을 것이다.

04

고수의 문제해결 능력을 배운다

―로버트 스턴버그, 『교육심리학』 중에서

전문가는 초보자보다 훨씬 더 쉽게 대량의 정보 속에 숨겨진 구조를 찾아낼 수 있다. 다시 말해 전문가는 정보의 전체 구조를 쉽게 파악하지만 초보자는 정보의 세부적인 부분에만 집중한다.

유명한 교육심리학자 로버트 스턴버그Robert Sternberg는 전문가가 초보자와 다른 근본적인 차이점으로 더 많은 지식을 문제해결에 응용할 수 있다는 점을 꼽았다. 전문가들은 더 빠르고 경제적인 방법으로 문제를 해결하고 더 강력한 자기 통제력을 가지고 있기 때문에 똑같은 문제라도 초보자보다 더 깊이 있게 관찰하고 해결할 수 있다는 것이다. 또한 심리학자 로린 앤더슨Lorin Anderson은 전문가가 문제를 더 빠르고 효과적으로 해결하는 것은 그 과정에서 발생하는 변화 때문이라고 말했다.

첫째, 그들은 겉으로 표현된 서술적 지식Declarative Knowledge(선언적 지식이라고도 한다)을 자신이 직접 응용하기 위한 절차적 지식Procedural Knowledge(과정적 또는 방법적 지식이라고도 한다)으로 변화시킨다. 다시 말해, 사실적인 정보에 관한 지식을 아는 것에서 그치는 것이 아니라 그것을 활용하는 구체적인 방법에 관한 지식으로 확장시킨다. 둘째, 그들은 문제를 해결하기 위해 필요한 행동 순서를 알고 있다. 셋째, 그들은 어떤 문제를 대표하는 핵심적인 부분을 새롭게 재구성한다. 넷째, 그들은 겉으로 보기에 완전히 다르게 보이는 몇 가지 문제들 사이에서 서로 같은 본질을 발견할 수 있다.

로버트 스턴버그와 로린 앤더슨이 말하는 전문가란, 상당한 학습 경험을 토대로 지식을 활용하는 능력과 기술이 뛰어난 이른바 공부의 고수들을 가리킨다. 새로운 지식을 똑같이 공부해도 초보자는 "와, 기억했어!"라고 외칠 뿐이지만 고수들은 "그래, 나의 그 문제는 이런 방법으로 해결할 수 있겠군"이라고 되뇐다.

책뜯기 공부는 이러한 고수의 문제해결 능력을 배우는 과정이기도 하다. 책뜯기 공부법의 A(활용) 단계, 즉 학습자 자신과 관련된 사례를 찾는 과정에서 문제해결 능력을 기르고 익히는 것이다.

문제해결은 엄밀히 말해서 '문제를 발견하는 단계'와 '문제를 해결하는 단계'로 구분된다. 문제를 발견하는 단계는 창의적인 사고를 통해 새로운 문제와 장애물을 발견하고 그것에 대응하는 과정이고, 문제를 해결하는 단계는 현재 해야 하는 일에 대한 해결방법을 찾는 과정이다.

문제를 해결한다고 말할 때 우리는 보통 두 번째 단계를 더 강조한다. 이미 드러난 문제를 어떻게 하면 잘 처리할 것인지 생각하는 것이다. 그러나 그보다 더 뛰어난 문제해결 능력은 남들이 발견하지 못한 문제를 찾는 능력이다.

문제가 터지고 난 뒤에 해결한다면 문제의 조짐이 나타나기 시작할 때 발견해서 해결하는 것보다 더 수동적일 수밖에 없다. 적극적인 문제의 해결은 적극적인 문제의 발견에서부터 시작되는 것이다. 또한 적극적으로 문제를 발견하는 능력은 반복된 연습을 통해서만 얻어질 수 있다. 책뜯기 공부는 바로 그 능력을 훈련하는 가장 효과적인 학습법이다.

05
지식을 재구성하여 활용한다

우리는 왜 지속적으로 공부를 하는가? 한 연구 결과에 따르면, 성인 학습자들의 83퍼센트가 '변화'에 대응하기 위해 공부를 시작하며 그 변화 중 56퍼센트는 자신의 직업과 관련된 것이고, 35퍼센트는 개인생활과 관계된 것이라고 한다. 이 연구는 앞에서 이야기한 성인학습의 세 번째 공리, 즉 학습은 실천을 강조하고 지식을 응용하는 데 목적을 두고 있음을 증명하고 있다.

지식을 활용하는 방식에는 2가지가 있다. 하나는 '확장식 활용'이고 다른 하나는 '재구성식 활용'이다. 예를 들어 진로를 고민하는 취업준비생이 구직과 경력관리를 위한 안내서인 『당신의 파라슈트는 어떤 색깔입니까?』라는 책을 읽고 이력서 쓰는 법과 면접 노하우 등에 대해 익힌 뒤 자신의 이력서를 수정하고 면접에 대비했다면, 이는 확장식 활용이다.

그런데 어떤 이는 이 책을 읽은 뒤 자신의 가장 큰 문제는 이력서 작성이나 면접의 노하우도, 부족한 자기 실력도 아니라 인생의 목표를 한 번도 세운 적이 없고 꿈조차 잊어버렸던 것이었음을 깨달았다. 이 사람은 책을 통해 기존의 사고방식을 수정하고 문제를 여러 가지 관점에서 분석하고 처리했다. 이것이 바로 재구성식 활용이다.

대부분의 사람들은 사실 확장식 활용에 더 익숙할 것이다. 새로운 지식을 통해 기존의 사고와 행동방식에 적용하려고 노력한다. 그런데 이는 신발이 작으면 발을 깎아 신발에 발을 맞추려는 것과도 같다. 그러나 변화에 능동적으로 대응하려면 우리는 새로운 신발을 찾아야 한다.

인류가 탄생한 후 대부분의 시간 동안 사회는 아주 느리게 변화해왔기 때문에 인간은 지식을 확장하는 것만으로 충분했다. 하지만 정보화 시대로 들어서면서 세상은 한 치 앞을 내다볼 수 없을 만큼 빠르게 변화하고 있다. 이제 양적인 변화만으로는 부족하며 공부를 통해 질적인 변화를 이루어야 한다. 컴퓨터의 등장으로 더 이상 주판으로 숫자를 계산할 필요가 없어졌듯이, 인터넷 기술이 발전하면서 관리자들은 기존의 관리방식을 새롭게 전환하지 않으면 도태될 수밖에 없다.

이제는 누구든 스스로 강한 적응력을 갖춘 학습자가 되어 변화하는 상황에 효과적으로 대처해야 한다. 단순히 지식을 넓히는 것에서 한 걸음 더 나아가 지식을 재구성하고 활용하는 방식을 의식적으로 실천해나갈 필요가 있다.

책뜯기 공부법은 학습자들이 확장식 사고의 습관에서 탈피해 재구성식 사고로 한 단계 성장할 수 있도록 한다. 적극적이고 비판적인 사고 과정을 통해 새로운 지식을 더 창의적이고 폭넓게 활용하고 실천할 수 있도록 당신을 이끌 것이다.

06
귀납적 학습과 연역적 학습을 오간다

―로버트 스턴버그, 『교육심리학』 중에서

연역적 추리Deductive Reasoning는 하나 또는 몇 개의 일반적 전제에서 구체적이고 논리에 부합하는 결론을 도출해내는 과정이다. 한마디로 일반적인 개념에서 구체적인 개념으로 나아가는 과정이다.
반대로 귀납적 추리Inductive Reasoning는 사실이나 관찰을 통해 일반적인 결론을 도출해내는 것으로, 특수한 개념에서 일반적인 개념으로 나아가는 과정이다.

두뇌는 외부의 지식을 내부의 능력으로 전환시키는 과정에서 문제와 맞닥뜨렸을 때 각기 다른 방법으로 처리한다. 인지 연구에서는 이런 과정을 '귀납'과 '연역'의 반복 작용으로 인식한다. 이는 앞에서 이야기한 '체험'과 '사고(반성)'의 반복 학습과도 유사하다. 학습자는 귀납-연역의 학습을 여러 번 진행할수록 더 능숙히 지식을 활용할 수 있다.

따라서 효과적인 학습 과정은 귀납-연역의 과정이 최대한 여러 차례 반복될 수 있도록 설계된다. 책뜯기 토론회의 경우, 학습자는 다음과 같이 세 번의 귀납적 학습과 세 번의 연역적 학습을 거치게 된다.

- 귀납적 학습: 책 읽기, 책뜯기 리더의 설명 듣기, 책뜯기 리더의 평가 및 질의응답 듣기
- 연역적 학습: 자신의 경험과 연계시키기, 토론에 참여하기, 향후 적용 및 활용 방법 계획하기

책뜯기 공부법은 '체험-사고'와 '귀납-연역'이라는 두 개념을 활용한 4가지 사고모델을 적용한 학습법이다. 체험과 사고가 반복되는 인지과정을 통해 귀납과 연역 사이를 빠르게 오가게 되는 것이다.

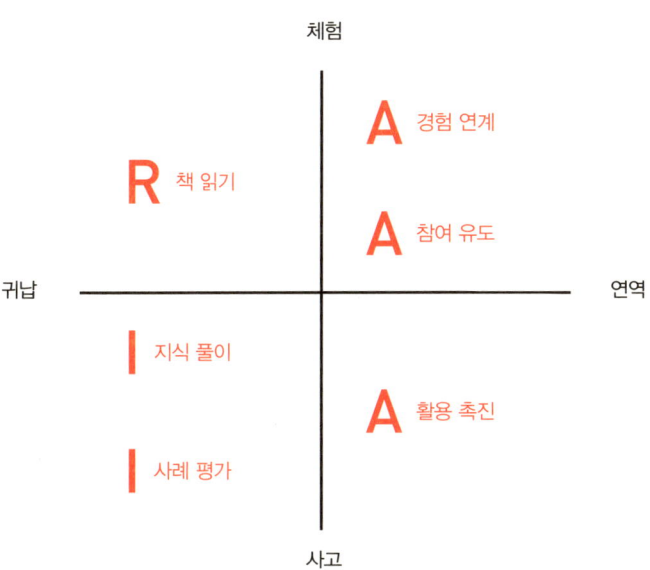

07

내러티브 학습,
체화 학습, 상상 연습을 한다

전통적인 학습은 '귀납'에 더 중점을 두지만 책뜯기 공부법은 '연역'을 더 강조한다. 책뜯기 리더가 학습을 촉진하기 위해 사용하는 3가지 방법, 즉 경험 연계, 참여 유도, 활용 촉진의 과정은 모두 학습자가 지식을 연역적으로 추리할 수 있도록 도와준다.

책뜯기 공부법은 학습자의 연역적 추리를 촉진하는 방법으로 3가지 학습이론, 즉 다음의 표와 같이 내러티브 학습, 체화 학습, 상상 연습을 응용하고 있다.

이론	설명	방법
내러티브 학습 Narrative Learning	발생한 일을 이야기함으로써 학습자의 이해를 돕는다.	경험 연계
체화 학습 Embodied Learning	활용하면서 학습 및 기억 효과를 크게 향상시킨다.	참여 유도
상상 연습 Mental Practice	머릿속으로 한번 상상해봄으로써 실전 응용력을 키운다.	활용 촉진

내러티브 학습

사람들은 이야기 듣기를 좋아하고 스토리를 통해 전달된 개념을 쉽게 받아들인다. 책을 읽을 때 스토리를 가진 내용에 대해 더 흥미를 갖는 데 반해 이치를 논하는 부분에서는 대충 건너뛰거나 진도가 잘 나가지 않는 것도 그 때문이다. 그래서 훌륭한 교육자나 리더들 중에는 스토리텔링에 능한 사람이 많다.

일례로, 한 책읽기 토론회에서 책읽기 리더가 자신의 금연 경험에 대해 이야기를 꺼냈다. 그날 토론의 주제는 마인드 컨트롤에 관한 문제였다. 책읽기 리더는 소문난 애연가였지만 기관지와 폐에 문제가 생긴 후 담배를 끊고 새로운 생활을 시작하게 된 스토리를 털어놓으며 사람들의 공감을 이끌어냈고 토론을 흥미롭게 주도해나갔다. 사람들은 담배, 술, 게임, 도박 등 여러 중독에 관한 내용에 대해 깊이 이야기를 나누었고, 문제를 극복하고 변화를 만들어낸 사람들의 사례를 접하며 새로운 용기와 자신감을 얻었다.

스토리텔링을 통한 학습은 실제로 효과가 매우 크다. 교육학자들은 스토리텔링의 힘이 타인에게 영향을 미칠 뿐만 아니라 자기 자신에게도 영향을 미칠 수 있다고 말한다. 학습자가 자신의 이야기를 자기 자신에게 들려주는 것, 내러티브 학습이론은 바로 이 점을 중요하게 여기는 것이다.

책뜯기 공부법도 내러티브 학습을 유도한다. 책뜯기 리더는 단순히 학습자들의 이해와 기억을 돕는 차원을 넘어서 학습자 스스로 자신의 경험에 대해 이야기하도록 하고, 나아가 이를 가공하거나 각색하여 새로운 사례로 만들도록 이끌기 때문이다.

내가 진행하는 책뜯기 토론회에서 케빈 호건 Kevin Hogan 의 『은밀한 설득』이라는 책을 가지고 토론을 진행한 적이 있었다. 이 날 우리가 이야기를 나눈 책의 단락에는 다음과 같은 내용이 담겨 있었다.

"고객이 요청하는 것이 무엇인지, 과거에 어떤 이의를 제기했었는지 일일이 적어놓고 다음번에 그 고객과 대화할 때 고객이 제기할 것으로 예상되는 이의를 먼저 이야기하라. 그러면 고객들의 반감을 줄일 수 있다. 고객이 이의를 제기하고 나서야 해명하기 시작하면, 고객이 이미 반감을 가지고 있는 상태이므로 설득의 효과는 반감된다."

나는 이 내용을 설명한 후 토론에 참여한 사람들에게 다음과 같은 내러티브 학습을 유도했다. "고객이 먼저 이의를 제기해 그에 대해 설명을 했지만 외면당했던 경험을 떠올려보라. 그리고 그 경험을 가공해 성공사례로 바꿔 이야기를 해보라."

이에 대해 한 학습자는 예전에 아이스크림 제조업체를 운영하다가 실패한 경험을 이야기했다. 당시 아이스크림 가격을 대기업보다 비싸게 책정하는 바람에 소매상들이 제품을 받으려 하지 않았고, 그 때문에 운영난을 겪다가 결국 그는 부도를 맞았다. 그는 책 속의 노하우를 적용해 그때의 경험을 다음과 같이 각색했다.

/ 활용 A /

그해 겨울 저는 아이스크림을 소매상에 판매했어요. 우리 제품은 직접 우유를 넣어 만들었기 때문에 대기업 제품보다 더 맛있고, 또 현지 업체니까 갓 생산한 신선한 제품이라는 경쟁력이 있었죠. 그런데 거래처들마다 "잘 안 팔릴 것 같아요" "도매가가 비싸서 수익률이 낮아요"라는 반응을 보였어요. 그래서 고객들을 만날 때마다 제가 먼저 이렇게 말했습니다.

"메도골드 Meadow Gold 제품이 잘 팔리는군요. 우리 제품은 사실 그렇게 유명하지 않고 도매가도 메도골드보다 0.5위안이 비싸지만 아주 맛있답니다. 한번 먹어보면 다시 찾는 손님들이 있을 거라고 장담합니다. 우선 몇 상자 들여놔보시겠어요?"

이처럼 학습자는 자신의 사례를 가공하면서 자연스럽게 지식을 익히게 된다. 중요한 것은 자신의 이야기이기 때문에 더 쉽게 기억하고 응용할 수 있다는 점이다.

체화 학습

공부의 목적은 지식을 사용하는 데 있다. 그러므로 가장 좋은 공부 방식 역시 직접 '사용'해보는 것이다. 처음 컴퓨터를 배울 때 어떻게 시작했는가? 먼저 자판 치는 법을 익힌다. 자판 배열을 익힌 후에 수없이 반복해서 자판을 두드린다. 따분하고 끈기가 필요한 과정이지만 직접 손가락을 놀려 자판을 두드려보는 것 외에는 달리 방법이 없다. 무엇이든 가장 빨리 배우는 방법은 역시 직접 쓰면서 익히는 것이 최고다.

마찬가지로, 책뜯기 공부도 지식을 직접 사용하고 활용하면서 배우는 것을 강조한다. 책뜯기 토론회에서 학습자들의 참여를 적극적으로 유도하는 것도 같은 맥락이다. 사람의 두뇌는 고립되고 기계적으로 진행되는 정보를 쉽게 받아들이지 못한다. 반면 실제 생활을 통해 지식을 접하면 빠르게 받아들일 수 있다. 지식이 다양한 경로를 통해 대뇌로 전달되어 머릿속에 새로운 기억이 생성되기 때문이다. 책뜯기 토론회에서는 토론, 발표, 동영상 시청, 역할극, 사례 연구, 다른 학습자의 발표 듣기 등 여러 방법을 통해 학습자의 참여를 유도하기 때문에 다양한 감각기관을 자극함으로써 기억과 학습을 촉진할 수 있다.

물에 들어갈 기회가 없으면 수영을 배울 수 없고, 파트너가 없으면 탱고를 배울 수 없다. 무술, 수영, 악기는 물론 직장 내에서 필요한 모든 기술과 노하우 역시 훈련과 연습을 통해 습득해야 한다. 또한 새로운 것을 배울 때에는 지도가 필요하다. 아무리 경험이 풍부한 사람이라도 처음부터 노련하게 해낼 수는 없다. 책뜯기 토론회는 그런 점에서 매우 유익한 학습의 장이 되어준다. 학습자들의 참여를 이끌어내며 활용 능력을 기를 수 있도록 훈련과 연습의 기회를 제공해주기 때문이다.

상상 연습

운동심리학과 뇌과학 연구에 따르면, 머릿속으로 한 번 상상해보는 것이 실제로 한 번 해보는 것과 동일한 효과를 가지고 있다고 한다. 이를 '상상 연습Mental Practice'이라고 한다. 한마디로 머릿속으로 미리 연습해보는 것이다.

상상 연습의 효과가 널리 알려진 것은 1992년 운동심리학자 앤 아이작Anne Isaac이 실험을 통해 상상 연습의 효과를 증명하면서부터다. 아이작은 실험에 참가한 학생들에게 6주간 매일 10분씩 트램펄린을 배우도록 했다. 그런데 학생들의 훈련방법이 다 달랐다. 절반은 2.5분 연습한 후 5분 동안 조용히 생각하고 다시 2.5분 연습하게 했다. 다른 절반의 학생들도 똑같이 2.5분 연습하고 5분 동안 쉬었다가 다시 2.5분 연습하게 했지만 중간에 쉬는 5분 동안 수학문제를 풀도록 함으로써 방금 전의 트램펄린 연습 과정을 돌이켜 생각하지 못하도록 했다.

이렇게 6주간 실험한 뒤 두 그룹의 트램펄린 실력을 비교해보니 중간에 5분 동안 조용히 생각에 잠겼던 학생들이 수학문제를 풀었던 학생들보다 실력이 월등하게 높았다. 아이작은 베테랑 운동선수들을 대상으로 한 실험에서도 상상 연습이 효과가 있음을 밝혀냈다.

이처럼 머릿속으로 한 번 상상하는 것이 실제로 한 번 해보는 것과 거의 비슷한 효과를 낸다. 어떻게 그럴 수 있을까? 뇌과학자들의 연구 결과에 따르면, 사람의 두뇌는 사고할 때와 실제로 운동할 때의 신경체계가 동일하다고 한다. 근육이 사고에 참여하느냐 운동에 참여하느냐의 차이만 있을 뿐이다. 그래서 머릿속으로 어떤 일에 대해 생각하면 그 일이 실제로 일어난 것과 같은 효과가 나타나는 것이다. 머릿속으로 실제와 똑같이 상상해보면 대뇌 속의 신경통로가 활성화되어 마치 활동의 초안이 그려지는 것과 같다. 실제로 똑같은 일이 발생했을 때 대뇌는 그 초안에 따라 어떻게 행동할 것인지 몸의 각 부위에 명령을 전달한다.

예전에는 '머릿속으로 자신의 사례를 가공하는 것'이 실제로 실천할 수 없는 상황에서 선택하는 차선책이라는 인식이 많았다. 하지만 최근의 연구 결과에 따르면 어떤 면에서는 사례를 가공하는 것이 직접 실천하는 것보다 더 큰 효과를 낸다고 한다. 최근 '상상 연습'이 가지고 있는 또 다른 장점에 관한 연구 논문이 발표되기도 했다. 바로 긴장을 완화하고 자신감을 북돋워준다는 것이다. 머릿속으로 리허설을 하는 것만으로도 긴장을 줄일 수 있다. 상상 연습이 주신경 계통의 활동에 영향을 미쳐 호흡, 심장박동, 체온 등을 통제함으로써 긴장을 완화해주기 때문이다.

캐슬린 마틴Kathleen Martin 등 심리학자들은 상상 연습을 활용할 경우 학습자들이 실전에 임할 때 부담이 훨씬 덜하고 실전에서 느끼는 즐거움도 더 크다는 사실을 밝혀내기도 했다. 아주 단순한 이치다. 문제를 해결할 수 있는 지식을 이미 배웠으므로 자연히 실전에서 더 유연하고 여유롭게 대처할 수 있는 것이다.

 책뜯기 공부법은 이러한 상상 연습도 효과적으로 이용한다. 책뜯기 리더는 2가지 방법을 통해 학습자들이 습득한 지식을 상상 속에서 응용할 수 있도록 유도한다. 첫째는 학습자들이 자신의 구체적인 문제를 이야기한 후 책 속에서 배운 지식을 응용해 그 문제를 해결하는 방법을 상상하고 이야기하도록 하는 것이다. 그리고 둘째는 책 속에서 배운 지식을 응용해 등장인물과 줄거리를 만들고, 이를 통해 어떤 인물이 특정 문제를 효과적으로 해결하는 사례를 만들어내도록 하는 것이다.

08
듣기와 읽기, 유용한 방식을 취한다

―피터 드러커, 「자신을 경영하는 법」,
≪하버드 비즈니스 리뷰≫(2005년 1월) 중에서

자신이 일하는 방식을 파악하기 위해서는 먼저 자신이 '읽는 사람(정보를 읽고 이해하는 데 익숙한 사람)'인지 '듣는 사람(정보를 듣고 반응하는 데 익숙한 사람)'인지 판단해야 한다. 대다수는 읽는 사람과 듣는 사람이라는 개념조차 잘 모르고, 읽는 것과 듣는 것 양쪽에 모두 익숙한 사람은 거의 없으며, 자신이 어떤 유형에 속하는지 아는 사람은 더더욱 적다.

아이젠하워 전 미국 대통령도 자신이 듣는 사람이 아니라 읽는 사람이라는 사실을 몰랐던 것 같다. 그가 유럽연합군 최고사령관으로 있던 시절 기자회견이 열릴 때마다 그의 보좌관은 기자들에게 적어도 기자회견이 시작되기 30분 전에 질문 내용을 서면으로 제출하도록 요구했다. 그렇게 해야 아이젠하워가 기자들의 질문을 정확히 이해할 수 있었기 때문이다. 반면 그 전임 대통령이었던 프랭클린 루즈벨트와 해리 트루먼은 모두 듣는 사람이었다. 두 전 대통령은 자신이 듣는 사람이라는 것을 알고 있었고 기자회견을 열어 유창하게 연설하는 것을 좋아했다. 아이젠하워도 선례를 이어받아 기자회견을 자주 열었지만 그는 기자들이 하는 질문조차 제대로 파악하지 못했다. 하지만 아이젠하워보다 더 심각한 사례도 있다.

몇 년 후 미국 대통령으로 취임한 린든 존슨은 자신이 듣는 사람이라는 것을 알지 못해 큰 낭패를 보았다. 린든 존슨의 전임 대통령인 존 케네디는 읽는 사람이었다. 그는 글 쓰는 재주가 뛰어난 사람들을 뽑아 보좌관으로 두고 매번 토론 때마다 토론 내용에 관한 브리핑 자료를 제출하라고 지시했다. 케네디 암살 후 대통령이 된 존슨은 케네디가 하던 방식을 그대로 따라했지만 그는 보좌관들이 쓴 원고를 제대로 이해하지 못했다. 대통령 재임 시절과 달리 상원의원이었던 시절 존슨은 두드러진 활약을 보이며 높은 명성을 쌓았다. 상원의원의 필수적인 자질이 바로 듣는 능력이기 때문이다.

듣는 사람이 후천적인 노력을 통해 읽는 사람으로 변하는 일은 거의 없다. 자발적으로든 강요에 의해서든 아무리 노력해도 큰 효과를 거둘 수 없다. 듣는 사람이 읽는 사람으로 변신하려고 하면 린든 존슨과 비슷한 불행을 겪을 것이고, 읽는 사람이 듣는 사람으로 바꾸려고 했다가는 아이젠하워와 같은 처지가 될 것이다. 두 사람 모두 대통령으로서는 자신의 재능을 십분 발휘하지 못했다.

피터 드러커는 왼손잡이는 아무리 연습해도 오른손을 자유롭게 사용하기 힘든 것과 마찬가지로 듣는 사람에 속하는 학습자가 정보를 읽어서 습득하는 것은 큰 효과를 볼 수 없다고 말했다. 이런 학습 성향은 선천적인 것이기 때문에 적응할 수는 있어도 바꾸기는 힘들다.

당신은 듣는 사람에게 가까운가, 읽는 사람에 가까운가? 각자 경험을 떠올리며 자신이 어떤 유형에 속하는지 판단해보자. 듣는 사람이라면 오디오북이나 책을 읽어주는 소프트웨어를 활용할 때 좋은 효과를 낼 수 있을 것이다. 또 읽는 사람이라면 강의를 들을 때는 교재를 보고 회의할 때는 자료를 보는 것이 좋으며, 물건을 살 때에도 영업사원의 설명을 듣는 것보다는 제품 설명을 직접 읽어보는 것이 좋다.

책듣기 공부법은 학습자가 '듣기'와 '읽기'를 모두 활용하는 학습법이다. 특히, 책뜯기 토론회에서 학습자는 먼저 책의 몇몇 단락을 읽은 후에 책뜯기 리더의 해석을 듣는다. 토론이 이어지는 동안 읽기와 듣기는 번갈아가며 반복적으로 이뤄진다. 그러므로 읽는 사람의 유형이든, 듣는 사람의 유형이든 모두 자신에게 익숙한 방식으로 정보를 받아들일 수 있다.

09
연결하고 공유하며 상호작용한다

대부분의 교육은 교사가 구술로 강의하고 학생들은 그 내용을 그대로 받아들이기만 한다. 그러나 교사의 역할은 말하는 것이 아니다. 학생들이 책을 학습하면, 그들이 학습한 내용을 더 활활 타오르게 해주어야 한다.

  학습이론에 따르면, 실제 학습은 학습자와 학습 환경 사이의 상호작용을 통해 이루어진다. 단순히 책을 읽기만 하는 것은 남의 컴퓨터에 있는 내용을 자신의 하드로 복사해오는 것과 같다. 학교 교육은 인터넷 사이트에 대용량 서버를 설치해놓고 모든 방문자가 그 서버에서 문서, 음악, 영화 등의 파일을 다운받는 전통적인 방식에 가깝다.

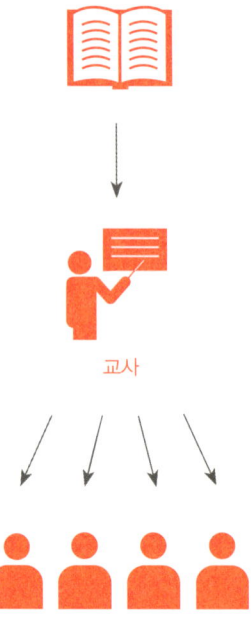

그러나 비트토렌트BT나 이뮬Emule와 같은 다운로드 방식을 이용하면 기존의 다운로드 방식보다 훨씬 빠르고 효과적으로 자료를 다운로드할 수 있다. 이러한 방식을 이를테면 P2PPeer to Peer 방식이라고 한다. 사용자들이 대용량 서버와 다른 사용자의 컴퓨터에서 동시에 자료를 다운로드할 수 있는 것이다.

학교 교육은 학생 개개인의 학습을 강조하고 개인의 학습 상황을 다른 학생들과 연결시키지 않는다. 하지만 성인학습에서는 학습의 결과가 목적에 도달했는지의 여부는 학습자들 간의 협력과 밀접한 관계를 가진다.

　전통적인 주입식 교육에서는 지식을 학생이라는 그릇에 넣는 데 주력했지만 책뜯기 공부에서는 학습자가 책 속 단락과 책뜯기 리더의 해석을 통해 정보를 얻는 한편 학습자들끼리 서로 영향을 주고받으면서 상호 학습이 이루어진다. 학습자가 다른 학습자의 의견을 경청함으로써 자신이 특정 방면에서 부족하다는 것을 인식하고 학습 의욕이 더 강해지기도 한다. 책뜯기 공부법에서 학습자는 단순히 지식의 수용자나 관중이 아니라 공부의 주체가 되는 것이다.

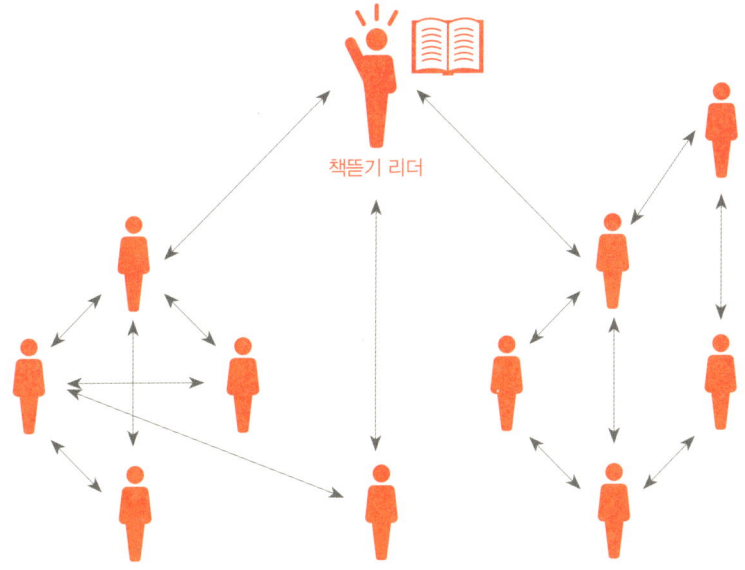

지금까지 우리는 책뜯기 공부법의 바탕에 깔려 있는 이론에 대해 살펴보았다. 책뜯기 공부법의 모든 과정은 나름대로의 의의를 가지고 있다. 이 의의를 이해한다면 자신의 상황에 맞게 조정해도 무방하지만 기본 이론을 이해하지 못한다면 아무리 좋은 방법도 쓸모 있게 활용하기 어렵다는 것을 다시 한 번 기억하기 바란다.

10
뜯을 수 없는 책은 없다

내가 책뜯기 공부법에 대해 소개하거나 책뜯기 토론회를 진행할 때마다 이런 질문을 해오는 사람들이 있다.

"같은 단락이라도 읽는 사람에 따라 각기 다르게 이해합니다. 그렇다면 같은 단락이라도 책뜯기 공부로 얻을 수 있는 지식이 다르지 않을까요?"

"『모택동선집』 같은 책도 책뜯기를 잘 할 수 있나요?"

"저는 이 단락을 읽으면서 그런 생각을 하지 못했어요. 저는 혼자서 책뜯기 공부법을 활용할 능력이 없는 건가요?"

이런 의문들은 책뜯기 공부법으로 학습할 책이 어떤 분류에 속하는지 이해하고, 그에 따라 접근 방법만 달리 한다면 충분히 해결할 수 있는 문제들이다. 책의 성격과 특징에 따라 책뜯기 공부법을 진행하는 방식도, 지식을 익히고 활용하는 방법도 각기 달라진다. 나는 책뜯기 공부를 위한 책의 분류를 다음과 같이 구분한다.

실용	문제해결에 집중하고 실전을 강조하며 실제 사례가 많이 실려 있다. 특정 문제에 대해 직접적으로 해결방법을 제시한다. 이 책에 인용된 『경영의 실제』, 『성공하는 사람들의 7가지 습관』, 『독서의 기술』 등이 여기에 속한다.
이론	체계적인 개념 설명과 이론 및 지식 소개에 집중돼 있으며 보통 분량이 많다. 일반적인 학습서, 특정 분야의 최신 연구 결과를 소개하는 이론서, 교양서 등이 여기에 속한다.
서사	전기, 역사서, 소설 등 이야기를 중심으로 하는 책으로 인물, 사건, 줄거리, 인과관계가 있으며 이성보다는 감성을 자극한다.
기타	책뜯기 공부법을 통해 학습할 내용이 해당 책의 핵심 내용과 일치하지 않을 때도 있다. 저자의 의도와는 별개로 책 속의 몇몇 단락을 활용해 별도의 주제로 학습하는 경우의 책은 기타로 분류한다.

실용: '이유'와 '변화'에 집중하라

실용적 성격의 책에는 이미 다양한 사례와 해석, 인과관계에 대한 설명, 구체적인 방법 등이 제시되어 있기 때문에 책뜯기 공부법을 실천하기에 가장 수월한 종류의 책이다. 주로 '왜 그렇게 해야 하는가'와 '그렇게 하면 무엇이 어떻게 달라질 수 있는가' 하는 것에 초점을 맞춰 생각을 넓혀간다.

'왜 그렇게 해야 하는가'를 파고드는 것은 '이유'를 분명히 알게 될 때 실천하고자 의욕이 강해지기 때문이다. 피터 드러커가 "지식노동자들은 자신이 왜 그렇게 해야 하는지 이유를 알고 싶어 한다"고 강조한 것처럼 책듣기 공부 역시 마찬가지다. '왜 그렇게 해야 하는가'에 대한 내용을 자신의 방식과 언어로 체화하는 것이 무엇보다 중요하다.

그다음으로, '그렇게 하면 무엇이 어떻게 달라질 수 있는가'에 초점을 맞추는 것은 앞으로의 변화에 대한 긍정적 사고를 통해 학습 의욕을 고취시키기 위함이다. 책에서 제시한 방법대로 실천하면 어떤 효과를 얻을 수 있는지 확인함으로써 스스로 더 큰 동력을 얻는 방법이다.

학습의 궁극적인 목적은 결국 기존의 사고방식, 습관, 행동을 변화시켜나가는 것이다. 물론 변화를 시도해본 사람들은 그것이 결코 쉽지 않음을 잘 알 것이다. 그렇기 때문에 '왜 그렇게 해야 하는가' 그리고 '그러면 무엇이 어떻게 달라질 수 있는가'를 집중적으로 사고하는 훈련이 더욱 필요한 것이다.

이론: 나의 관점과 실천방안으로 바꿔라

이론적 성격을 지닌 책의 가장 중요한 가치는 지금껏 누구도 분명하게 제시하지 않았던 관점이나 개념을 제시한다는 데 있다. 예를 들어 행동심리학 교재라면 행동심리학의 개념이 무엇이고, 행동심리학 연구가 어떤 의의를 가지고 있으며, 어떤 관점으로 이루어져 있고, 최근의 연구 성과는 어떤지 등을 주요 내용으로 하고 있다.

이런 종류의 책들은 학습자들에게 특정한 목표를 구체적으로 제시하거나 조언하지 않는다. 그러므로 스스로 자신에게 필요하거나 도움이 될 만한 관점을 찾아내는 것이 중요하다. 자신이 특별히 주목하고자 하는 부분을 선택했다면, 이를 자신만의 관점과 실천방안으로 바꿔야 한다. 이는 다음의 세 단계를 유념하면 된다.

첫째, 원문의 뜻을 이해하는 것이 가장 우선해야 할 일이다. 한두 문장을 가지고 저자의 관점을 섣부르게 해석하기보다는, 앞뒤 문맥과 전체적인 내용을 잘 판단해야 한다.

둘째, 저자가 책에서 집중하고 있는 관점이나 이론을 제시하게 된 배경이 무엇인지 충분히 이해하고 자신의 실제 상황과 저자의 배경 사이에서 공통점과 차이점을 잘 생각해보는 것이 중요하다.

셋째, 저자의 관점이 자신의 상황과 일치하는 점은 저자의 관점을 응용해 활용할 수 있는 실천방법을 도출해본다. 그리고 자신의 상황과 다른 점은 저자가 그런 관점을 내놓게 된 이면에 어떤 이야기들이 담겨 있는지 생각해보고 이를 자신만의 방식으로 해석해보는 것이다.

서사: 나를 흔드는 깨달음을 구하라

서사적 성격을 지닌 책으로 책뜯기 공부를 하려면 앞에서 다룬 책들보다 '귀납' 능력과 '연역' 능력이 더 요구된다. 단순히 이야기를 읽는 것에서 나아가 그 속에서 자신을 흔드는 무언가를 발견해야 하기 때문이다. 아무래도 배경지식이 풍부할수록 책뜯기 공부의 폭도 더 넓어질 수 있다.

서사적 성격의 책을 대할 때는 보통 다음의 4가지 기준을 중심으로 책뜯기 공부를 진행한다. 첫째, 인물이 성공한 대목에 집중한다. 둘째, 인물이 실패한 대목에 집중한다. 셋째, 인물의 행동이 아니라 원칙을 찾아낸다. 고정관념에 파묻혀 성패를 평가하는 것이 아니라 인물의 동기를 고려하는 것이다. 넷째, 사고가 충돌하는 지점을 살핀다. 자신의 현재 경험과 지식으로는 해석할 수 없는 대목, 자신의 생각과 다른 대목, 일반적인 생각과 다른 대목을 살펴보는 것이다.

책을 읽다가 특정 대목에서 떠오르는 어떤 느낌이나 생각이 있다면 읽기를 멈추고 생각을 가다듬어본다. 다른 책에서 본 개념이나 자신의 과거 경험을 떠올리다 보면 자기 머릿속에 저장된 지식에 새로운 사례가 덧붙여질 수 있을 것이다. 또는 책 속의 이야기를 통해 다른 일을 생각해낸 후 그 일들을 연결시키고 그 속에서 본질을 발견할 수도 있다.

중요한 것은 책에서 어떤 깨달음을 얻을 수 있는 대목을 발견하면 그 깨달음을 자신의 방식과 언어로 다시 표현하는 것이다. 같은 이야기를 읽어도 읽는 사람에 따라 도출해내는 교훈은 각기 다르다. 이는 지극히 정상적인 일이다. 유용한 도움이 될 수만 있다면 어떤 결론이 나오든 무방하다.

하나 더 덧붙이자면, 서사적 성격의 책으로 책듣기 공부를 할 때에는 영화나 드라마, 다큐멘터리 등 유사한 내용의 영상 자료를 함께 활용하는 것도 좋은 방법이다.

이처럼 서사적 성격의 책을 스스로 잘 활용하며 자신만의 깨달음을 얻고 공부해나갈 수 있다면 고급학습자의 경지에 올라섰다고 할 수 있을 것이다.

기타: 마음 가는 대로 분석을 즐겨라

—루쉰, 『집외집습유』 중에서

『홍루몽』은 읽는 사람에 따라 여러 가지 의미를 가진다. 경학가들은 주역의 원리를, 도학가들은 음란함을, 재자才子들은 애정의 얽힘을, 혁명가들은 만주족 왕조에 대한 배척을, 이야기를 만들어내기 좋아하는 사람들은 궁중비사宮中秘事를 본다.

기타 서적의 범위는 앞의 3가지 분류에 속하지 않는 책이 아니라 책뜯기 공부를 통해 어떻게 분석하느냐에 따라 달라진다. '말하는 사람은 그런 의도가 없었지만 듣는 사람이 그렇게 알아듣는' 식의 분석이라고도 할 수 있다.

예를 들어, 육아서에서 소통에 관한 교훈을 도출해낼 수도 있고, 건강서에서 논리적인 사고에 대한 교훈을 도출해낼 수도 있다. 루쉰이 이야기한 것처럼 『홍루몽』을 가지고 책뜯기 공부를 하면 저자 조설근은 의도하지 않았던 수많은 분석과 교훈이 도출될 것이다.

어떤 책이든 우리는 책뜯기 공부를 실천할 수 있다. 성격과 종류를 막론하고 자유자재로 책을 분석하고 활용할 수 있다면 스스로의 학습 능력을 더 높은 수준으로 끌어올릴 수 있다. 소설이나 잡지를 읽을 때에도, 텔레비전이나 영화를 볼 때에도 곰곰이 되짚어 생각해보는 습관을 들이자. 어느 곳에서 어떤 지식을 도출해내든 그것이 우리의 사고를 넓혀주고 능력을 향상시켜준다면 그것이야말로 매우 훌륭한 책읽기 공부다.

11
책뜯기 공부법으로 실전 능력을 길러라

한 통계에 따르면, 2010년에 전 세계에서 만들어진 정보의 양이 무려 1.5×10^{18}바이트에 이른다. 이는 과거 5000년 동안 인류가 만들어낸 정보보다도 많은 양이라고 한다. 새로운 IT지식은 평균 2년마다 1배씩 증가하고 있다. 대학 1~2학년 때 배운 지식이 3학년이 되면 시대에 뒤처진 지식이 되는 셈이다.

전 미국 교육부 장관 리처드 라일리 Richard Riley는 "10년 후 가장 많은 인재를 필요로 할 10개 업종은 아직 세상에 등장하지 않았다"고 말했다. 지금 시대는 불과 몇 년 전과도 비교할 수 없을 만큼 빠르게 변하고 있는 것이다. 이런 시대에 우리가 추구해야 하는 가치는 무엇인가? 어떤 길을 찾아야 하는가?

해답은 바로 '변화 속의 불변'을 찾는 데 있다. 『당신의 파라슈트는 어떤 색깔입니까?』에는 이런 말이 나온다. "기존의 업종에 너무 구애받을 필요가 없다. 자신이 가진 능력을 최대한 발굴해 새로운 형식으로 조합하면 그 능력을 발휘할 수 있는 새로운 일을 찾을 수 있을 것이다."

반평생 광고회사에서 광고를 제작하던 사람이 있었다. 날마다 몇 시간씩 자료와 영상을 보고 몇 시간짜리 인터뷰 자료를 편집해 28분 40초짜리 프로그램으로 만드는 것이 그의 업무였다. 광고가 시청자의 눈길을 잡아끌어 채널을 돌리지 않고 계속 보고 싶게 만들어야 했다. 이런 일을 하다 보니 그에게 저절로 한 가지 능력이 생겼다. 각종 자료를 조합해 하나의 완전한 이야기로 만든 후 최대한 사람들의 흥미를 유발할 수 있는 방식으로 표현하는 능력이었다.

사실 이런 능력을 필요로 하는 업종은 아주 많다. 그래서 그는 자신의 이 능력을 투자회수율이 가장 높은 분야에 쓰기로 했다. 바로 IPO Initial Public Offerings (기업공개) 로드쇼의 연설이다. 이 사람은 미국의 유명한 프레젠테이션 코치인 제리 와이스먼 Jerry Weissman이다.

와이스먼은 다년간 광고 영상을 제작하면서 기른 능력을 가지고 25년 동안 500회가 넘는 기업의 IPO 로드쇼 연설을 지도했다. 실리콘밸리의 유명한 벤처기업 세콰이어캐피털의 창립자 돈 밸런타인Don Valentine은 "세콰이어의 IPO 로드쇼가 대성황을 이룬 덕분에 주식 280만 주를 주당 18달러에 판매하는 데 성공했다. 18달러 중 최소한 2~3달러는 제리 와이스먼이 창출해낸 것이다"라고 말했다.

이처럼 변화 속에서도 변화하지 않는 것, 즉 자신의 '핵심역량'을 찾는 것이 가장 중요하다. 핵심역량은 곧 '내공'이라고도 할 수 있다. 내공이 강한 사람은 어떤 권법을 구사하는 고수와 만나도 가뿐히 제압할 수 있다. 세상은 급속도로 변하고 있지만 강한 '내공'을 쌓는다면 굳이 시대를 따라가려고 애쓸 필요도 없다. 시대의 물결은 진정으로 능력 있는 사람을 주위를 맴돌기 때문이다.

그렇다면 핵심역량은 어디에서 나올까? 지식에서 나올까? 꼭 그렇지는 않다. 누구나 전자상거래 분야의 박사가 될 수는 있어도 마윈이 될 수는 없고, 연설과 화법에 대한 책을 수십 권 읽어도 제리 와이스먼이 될 수는 없다. 그렇다면 경험에서 나올까? 역시 아니다. 베테랑 영어강사라도 마윈이 될 수는 없고 아무리 경험이 풍부한 방송 제작자도 제리 와이스먼이 되지 못한다.

지식과 경험은 그것이 실전에서 능력으로 발휘될 때 비로소 의미를 가질 수 있다. 책뜯기 공부의 방법론은 그래서 중요하다. 자신의 경험과 책 속의 지식을 결합시킨 사고를 통해 능력을 계발해나가는 학습법이기 때문이다. 책뜯기 공부법은 다음과 같은 핵심역량을 향상시켜나가는 것을 목표로 한다.

역량	세부 분류	내용
소통력	표현 능력	구술 표현, 신체 언어, 도구 사용 등을 통해 정보를 효과적으로 전달한다.
	경청 능력	타인을 이해하고 심지어 상대가 분명하게 말하지 않은 동기와 목적까지도 이해한다.
	질문 능력	질문을 통해 정보를 얻고 전문성을 보여주며 화제를 유도하고 호감을 이끌어낸다.
	설득 능력	타인을 설득해 제품을 구매하게 하거나 타인의 생각과 행동을 변화시킨다.
	협상 능력	분쟁이나 다툼을 해결한다.
관계력	통찰 능력	타인의 감정과 반응을 민감하게 알아차리고 그들이 그렇게 반응하는 이유를 이해하며 타인의 행동에 따라 그때그때 자신의 행동을 바꾼다.
	관계형성 능력	타인과 생산적인 협력 관계를 맺고 오랫동안 유지한다.
	배려 능력	상대를 이해하려고 노력하며 상대를 도울 수 있는 방법을 모색한다.
	리더십 능력	성취욕, 집념, 자신감이 강하고 낙천적이며 타인의 마음을 움직일 수 있다.
	협력 능력	남들과 원만하게 소통 및 교류하고 공동의 목표를 위해 노력한다.

정보력	정보획득 능력	다양한 경로로 정보를 관찰하고 받아들이며 정보의 질을 평가한다.
	분석 및 정리 능력	사물과 행동을 특정한 순서(규칙)에 따라 안배하고 변화에 대한 분류, 평가, 감별(공통점과 차이점) 등을 통해 정보를 확정한다.
	계획 및 조직 능력	구체적인 목표와 계획을 확립하고 시간과 자원을 충분히 이용해 우선순위를 정한다.
	의사결정 및 문제해결 능력	문제를 확실히 알고 범위를 확정하며 배경과 원인을 분석함으로써 최선의 해결방법을 선택한 후 결과를 추적해 평가한다.
자문력	고정관념 초월 능력	자신 또는 고객의 업종과 관련된 기술과 지식에 대해 새롭게 접근하고 응용할 수 있다.
	사고 및 창조 능력	주제만 정해주면 다양한 아이디어를 내놓는다(중요한 것은 양이지 질이나 정확성, 혁신성이 아니다).
	귀납 능력	자투리 정보를 모아 일반적인 법칙으로 만들 수 있다. 무관한 것처럼 보이는 사물 사이의 연관성을 발견한다.
	연역 능력	일반적인 법칙을 특수한 문제에 적용시킨다.
	지도 능력	남들이 배워야 할 것이 무엇인지 확실히 정하고 프로그램을 만들어 지도한다.
	대안 능력	문제를 예측하고 더 좋은 해결방법을 생각할 수 있다.

강조컨대, 책뜯기 공부의 핵심은 책이 아니라 사람이며 책뜯기 공부법의 중점은 지식이 아니라 능력에 있다. 이제부터는 책뜯기 공부법을 통해 책이 아니라 나 자신을, 지식이 아니라 능력을 돌아보는 기회를 하나씩 만들어가길 바란다.

실전 사례 2

책뜯기 공부법을 통해 질문 능력, 설득 능력, 고정관념 초월 능력, 대안 능력 등을 향상할 수 있는 몇 가지 사례를 살펴보자.

///

/ 독서 R /

—제라드 이건, 『유능한 상담자』 중에서

남을 도와줄 때 이루어지는 상호 과정에서 도움을 주는 사람은 자연스럽게 여러 가지 소통의 기술을 함께 사용하게 된다. 실제 상담에서 유능한 상담자는 계속 자세를 바꾸어가며 내담자의 이야기를 경청하고 감정이입empathy과 탐색을 통해 내담자가 걱정하는 것이 무엇인지 인식시키고 목표를 확실히 정하고 계획을 수립해 일을 성사시킬 수 있도록 도와준다.

감정이입과 탐색의 방법을 사용할 때 지켜야 할 몇 가지 행동규칙이 있다. 탐색을 통해 내담자에게서 대답을 얻어냈다면 그 요점에 대해 감정이입을 함으로써 자신이 이해했음을 알려주고 이해한 것이 맞는지 확인해야 한다. 또 탐색 후에 더 깊이 들어가 다시 탐색할 때에는 조심해야 한다. 간단한 이치다. 첫째, 탐색이 효과적이었다면 경청하고 이해했다는 메시지를 이끌어내야 한다. 둘째, 감정이입의 요점이 정확했다면 상대에게 한 단계 더 깊이 들어갈 것을 제안해야 한다. 공을 받아서 상대에게 다시 던지는 것과 같다.

/ 해석 I /

책뜯기 리더   이 책은 심리상담과 심리치료를 전공하는 학생들에게 널리 사용되고 있는 유명한 교재입니다. 이 책에서는 소통의 기술에 관한 여느 자기계발서에서보다 훨씬 깊이 있는 내용을 얻을 수 있습니다.

이 단락에 나오는 몇 가지 심리학 용어에 대해 간단하게 설명하겠습니다. 메모할 필요도 없고 듣고 잊어버려도 괜찮습니다. '감정이입'이란 상대로 하여금 내가 상대의 생각과 감정을 이해했음을 느끼게 만드는 것입니다. 그리고 '탐색'이란 질문을 통해 더 많은 정보를 알아내는 것입니다. 중요한 것은 뛰어난 언변이 아니라 나의 태도가 진실하며 상대의 마음을 이해한다는 사실을 상대에게 알려주는 것입니다. 상대가 말할 것이 없게 만드는 것이 아니라 효과적인 정보를 알아낼 수 있는 질문이라야 훌륭한 질문이라고 할 수 있습니다.

이 단락에 간단하고 효과적인 방법이 나옵니다. 감정이입과 탐색을 번갈아가며 사용해야 한다는 것입니다. 쉽게 말하면 내가 질문을 하고 상대가 대답을 하면 내가 그를 이해했음을 알려주고, 상대가 또 이야기를 하면 나는 다시 질문을 하는 것입니다. 다음의 예를 보시죠.

- 부하직원: 제가 고객에게 이미 세 번이나 솔루션 제시했습니다. 이번이 네 번째입니다. 그런데도 고객사의 수석엔지니어가 만족하지 못하니 저도 어쩔 수가 없습니다. 제 생각에는 이미 계약상대가 내정되어 있는 것 같습니다. 아무리 노력해도 소용없을 겁니다.

- 관리자: (감정이입) 세 번이나 다시 제안해도 그들의 요구를 만족시킬 수 없었다는 거죠?

- 부하직원: 그렇습니다. 같이 식사를 하자고 해도 핑계를 대며 시간을 내주지 않습니다.

- 관리자: (감정이입) 그쪽 수석엔지니어가 구체적인 요구도 하지 않았나요?

- 부하직원: 구체적으로 말하지 않았어요. 그동안 제시한 모든 솔루션으로도 해결할 수 없다는 말만 되풀이했죠. 이 프로젝트가 급하다는 말은 했어요. 연말까지는 무슨 일이 있어도 결정해야 한다고요.

- 관리자: (감정이입) 급하다는 게 사실일까요, 거짓일까요? (탐색질문) 그쪽 일선 엔지니어를 만나 이야기를 해볼 수 있어요? 그쪽 생각을 알아볼 수 있잖아요?

- 부하직원: 한번 해보겠습니다.

이 사례를 참고해서 자기 경험을 대화로 만들어보세요. 탐색과 감정이입을 번갈아 사용해야 합니다. 직장에서든 일상생활에서는 이 기술을 유용하게 사용할 수 있습니다.

/ 활용 A /

질문 능력 향상과 관련해 자신이 생각해낸 사례를 아래에 적어보자.

_____

_____

_____

/ 독서 R /

—월터 아이작슨, 『스티브 잡스』 중에서

빌 앳킨슨 Bill Atkinson 이라는 컴퓨터 엔지니어가 프로젝트에 활기를 불어넣었다. 그는 신경화학을 전공하는 대학원생으로 환각제도 여러 번 해본 경험이 있었다. 처음 애플의 영입 제의를 받았을 때 그는 거절했다. 하지만 애플은 그에게 환불이 불가능한 항공권을 보냈고 그는 그 항공권을 쓰기로 결정했다. 잡스에게 자신을 설득할 기회를 주기로 한 것이다.

잡스는 세 시간에 걸친 설득의 마지막에 이렇게 말했다.

"우리는 미래를 창조하고 있습니다. 파도의 맨앞에서 서핑을 한다고 상상해봐요. 얼마나 흥미진진하고 짜릿하겠습니까? 파도가 다 지나간 물살의 끝에서 개헤엄을 치는 걸 상상해봐요. 아무 재미도 없지요. 애플에 오세요. 전 세계의 시선을 받을 수 있을 겁니다."

마침내 앳킨슨은 애플에 참여했다.

/ 해석 I /

책뜯기 리더   상대가 자신의 생각에 동의하도록 설득하려면 우선 충만한 자신감과 열정을 가져야 합니다. 자기 자신조차 자신이 판매하는 제품을 믿지 못한다면 직업을 바꾸는 것이 최선의 방법이지요. 부하직원들이 회사의 전망이 밝다고 믿고 제품에 확신을 갖도록 만드는 것은 관리자의 중요한 책무 중 하나이기도 합니다. 설득에는 감성에 호소하는 설득과 이성에 호소하는 설득이 있습니다.

"상상해보세요"라는 말은 감성에 호소하는 설득입니다. 이 말은 상대의 우뇌를 움직이고 이미지와 감정을 자극합니다.

"상상해보세요. 이 SSD하드로 바꾼 후 컴퓨터 부팅시간이 20초로 줄어들 거예요. 친구가 내 방으로 들어와 소파에 앉기도 전에 컴퓨터 모니터에 배경화면이 나오겠죠."

"상상해보세요. 사무실에서 여과식 커피를 내려서 마시면 커피머신을 사용하는 것보다 훨씬 편리하고 인스턴트커피를 마시는 것보다 몸에도 좋을 겁니다. 동료들은 이렇게 묻겠죠. '음. 무슨 커피인데 이렇게 향기가 좋아?'"

이처럼 "상상해보세요"라는 말을 시작으로 고객의 감성을 자극하고 설득할 수 있도록 해봅시다.

/ 활용 A /

설득 능력 향상과 관련해 자신이 생각해낸 사례를 한번 적어보자.

_____
_____
_____
_____
_____

/ 독서 R /

—월터 아이작슨, 『스티브 잡스』 중에서

사람의 생각은 마치 머릿속에 임시 구조물을 세우는 것처럼 모종의 패턴을 형성한다. 대부분의 경우 사람들은 레코드판의 홈과 같은 패턴에 끼어서 다시는 빠져나오지 못한다. …… 잡스는 서른 살에 레코드판에 관한 비유를 했다. 그는 어째서 사람들이 서른 살이 넘으면 사고가 굳어지고 혁신적인 성향이 줄어드는지 궁금했다. 그는 "사람들이 일정한 패턴에 빠지면 레코드판의 홈에 빠진 것처럼 그 패턴에서 빠져나오지 못한다. 물론 선천적으로 호기심이 왕성해서 평생 어린아이 같은 사람도 있지만 이는 결코 흔치 않다"고 말했다. 45세가 되었을 때 잡스는 레코드판의 그 홈에서 빠져나올 준비를 했다.

/ 해석 I /

책뜯기 리더   이 단락을 통해 고정관념 초월 능력을 기를 수 있습니다. 슬프게도 어떤 이들은 서른 살도 되지 않아서 레코드판의 홈에 빠져 헤어나오지 못합니다. 그런데 더 슬픈 일은 어떤 이들은 자신이 고정된 홈에 빠졌다는 사실조차 모른다는 것이죠. 그러므로 먼저 자신이 고정된 틀에 빠져 있는지 돌아보아야 합니다. 진지하게 생각해보세요. 현재 상황이 내가 정말로 원하는 것인가? 현재 상황이 좋아서 변화를 원치 않는 것인가, 아니면 변화가 가져올 미지의 상황이 두려워서 변화를 원치 않는 것인가?

자신의 직업 인생을 걸고 남다른 일에 뛰어들 용기가 있습니까? 일시적인 충동이 아니라 신중하게 고민한 후의 용감한 선택이어야 합니다. 현재의 패턴에서 빠져나올 수 있는 능력을 기르고 싶습니까? 방법은 아주 간단합니다. 남들과 같은 길을 가지 않는 것입니다.

중국 현대문학의 거장 첸중수와 그의 부인 양장이 영국에서 유학하던 시절 그들은 매일 저녁 새로운 산책 코스를 찾았고 얼마 안 되어 집에서 반경 몇 킬로미터 안에 있는 길을 손바닥 들여다보듯 알게 되었다고 합니다. 당신은 혹시 날마다 출퇴근할 때 같은 길로만 다니고 있지는 않습니까?

이미 습관으로 굳어진 작은 일들을 찾아내 자기만의 새로운 방법으로 바꾸어 봅시다. 자신의 계획을 적어봅시다.

/ 활용 A /

위의 내용과 관련해 자신이 생각해낸 사례를 한번 적어보자.

_____
_____
_____
_____
_____

/ 독서 R /

―닐 라컴, 『영업력을 다시 생각하라 Rethinking the Sales Force』 중에서

가치 창조에 있어서 자문형 영업방식은 기존의 거래식 판매에 비해 월등한 효과를 낸다. 가장 기본적인 거래형 영업에서는 판매자가 제품 정보와 거래 절차상의 제약에서 자유롭지 못했다. 반면 자문형 영업방식에서는 영업사원이 3가지 분야에서 고객의 가치를 증대시킬 수 있다.

   1. 자문형 영업사원은 새롭거나 다른 방법으로 고객들이 장점과 단점을 이해할 수 있도록 돕는다.

   2. 자문형 영업사원은 고객에게 문제를 해결할 수 있는 새로운 방식이나 더

좋은 방식을 제공한다.

3. 자문형 영업사원은 공급업체 내에서 고객을 보호하는 역할을 한다.

이것이 자문형 영업의 3가지 중요한 요소이자 영업사원들이 고객의 가치를 증대시킬 수 있는 방법이다.

/ 해석 I /

책뜯기 리더   다음은 실제 사례입니다. 중국의 가전기업인 메이디그룹이 생산한 전기압력밥솥이 중국에서는 큰 인기를 누렸지만 미국에서는 판매가 저조했습니다. 미국에서도 1970년대에 전기압력밥솥이 유행했지만 몇 차례 사고가 발생한 후 미국인들이 압력밥솥에 대한 두려움을 갖게 되었기 때문이었죠. 미국 판매업체는 대대적인 홍보를 통해 압력밥솥의 안전성, 편리함, 절전기능, 친환경성을 소비자들에게 알리고자 했습니다.

하지만 메이디그룹 해외영업부는 경험을 토대로 미국 판매업체에 완전히 새로운 방식을 제안했습니다. '압력밥솥'에 대한 대중의 인식을 고치는 것이 아니라 '압력밥솥'이라는 명칭을 쓰지 말자는 것이었죠.

그러면 어떤 이름을 붙였을까요? 미국인들은 콩을 즐겨 먹는데 콩은 오래 익혀야 하기 때문에 콩을 삶는 것이 매우 번거로운 일입니다. 메이디그룹은 이에 착안해 전기압력밥솥의 명칭을 '이지빈쿠커 Easy Bean Cooker'로 정했습니다. 이 아이디어가 큰 효과를 거두어 이지빈쿠커는 미국 판매업체의 예상을 뛰어넘는 인기를 누리며 팔려나갔습니다. 이것은 '고객에게 더 훌륭한 문제의 해결방법을 제공한' 사례입니다. 이 사례를 참고해 자신의 사례를 이야기해보세요. 사실이어도 좋고 가공해낸 것이어도 무방합니다. 자신의 사례를 이야기한다면 이 지식을 자신의 핵심역량으로 전환시킬 수 있습니다.

/ 활용 A /

대안 능력 향상과 관련해 자신이 생각해낸 사례를 아래에 적어보자.

_____
_____
_____
_____
_____

PART5 / 실천

책뜯기 내공,
함께 쌓으며 함께 성장하라

훈련을 통해 몸을 강하게 하듯
연습을 통해 생각을 강하게 하는 것,
그것이 진정한 독서다.

—알버트 아인슈타인 Albert Einstein

01

훌륭한 '책뜯기 리더'가 되고 싶은가?

―찰스 핸디, 『포트폴리오 인생』 중에서

내가 지도하는 과정은 수강생들이 강사가 가르치는 내용을 당연하게 받아들이는 것이 아니라 수강생들이 자신의 과거를 이해하고 교실에서 벗어나 독립적으로 사고하도록 유도하는 데 중점을 두기로 했다.

책뜯기 공부법의 3가지 실천방법으로 포스트잇 독서법, 책뜯기 토론회, 책뜯기 모임에 대해 소개한 바 있다. 이 장에서는 책뜯기 토론회의 진행과정에 대해 좀 더 자세하게 설명할 것이다. 책뜯기 공부법의 2가지 핵심은 책뜯기 리더가 학습자를 도와준다는 것, 그리고 단체학습이 가능하다는 것이다. 여기에서 소개하는 책뜯기 토론회의 예시들은 리더가 여러 학습자들을 도와주는 한편, 학습자들끼리 서로 학습을 돕고 촉진하는 과정을 잘 보여줄 것이다.

책뜯기 토론회를 진행하는 책뜯기 리더는 학습촉진자로서 다른 학습자들의 학습을 유도하고 촉진하는 역할을 하지만 이 과정에서 그 자신도 점점 더 훌륭한 학습촉진자로 성장할 수 있다. 책뜯기 리더가 어떻게 하느냐에 따라 학습자가 얻을 수 있는 것이 크게 달라지므로 이 장은 책뜯기 리더의 입장에서 책뜯기 공부법의 구체적인 진행방법에 대해 설명하게 될 것이다. 먼저 자신에게 한번 질문해보자. "내가 이 장을 꼭 읽을 필요가 있을까?"

이 질문은 이렇게 바꿀 수 있다. "훌륭한 책뜯기 리더가 되고 싶은가?" 여기 간단한 테스트가 있다. 다음의 7개 질문 가운데 자신에게 해당되는 것에 체크해보자.

☐ 나의 학습 능력을 최고로 끌어올리고 싶다. 남을 가르침으로써 지식을 더 깊이 알고 싶다.

☐ 남들 앞에서 발표하는 능력, 즉시 답변할 수 있는 순발력, 남을 리

드하는 능력, 문제를 통찰하는 분석력, 고정관념을 뛰어넘는 사고력 등을 기르고 싶다.
- 나는 남을 도와주는 것을 좋아한다.
- 조직 내에서 나의 영향력을 높이고 싶다.
- 코칭 강사나 카운슬러라는 직업에 관심이 있다.
- 인사관리자로서 회사 내에 내부 코칭강사를 길러내고 싶다.

위의 질문 항목 중 자신에게 해당되는 것이 하나도 없다면 이 장은 읽지 않고 건너뛰었다가 다음에 기회가 되면 다시 펼쳐 읽어도 무방하다. 만약 해당되는 항목이 2개 이상이라면, 축하한다. 당신은 원하는 바를 실현할 수 있는 방법을 찾은 셈이다.

책뜯기 토론회를 진행하고 책뜯기 공부법의 개념을 소개할 때마다 나는 거의 매번 이런 질문을 받는다. "어떻게 하면 회사 내에서도 책뜯기 토론회를 지속적으로 진행할 수 있을까요? 이게 정말 도움이 될까요?"

책뜯기 공부법이 창출할 수 있는 가치는 매우 명확하다. 책뜯기 리더는 자신이 속한 조직에 여러 가지 학습 솔루션을 제공할 수 있다. 직원들의 특정 능력을 향상시킬 수도 있고, 특정 부서의 문제점을 해결할 수도 있다.

나는 책뜯기 토론회를 진행하는 것이 외부에서 강사를 초빙해 직원교육을 실시하는 것보다 비용도 적게 들뿐더러 훨씬 더 효과적이라고 확신한다. 무엇보다 기업의 실제 상황에 맞추어 학습할 수 있기 때문이다.

'내가 과연 책뜯기 리더가 될 수 있을까' 반신반의하는 사람도 물론 있을 것이다. 강조컨대, 누구나 책뜯기 리더가 될 수 있다. 전혀 의심할 필요가 없다. 다음의 3가지 이유 때문이다.

첫째, 어떤 것이든 절차와 방법이 정해져 있다면 실천하기 쉽다. 책뜯기 리더가 해야 하는 일이 이 장에 단계별로 자세하게 담겨 있다. 여기에서 제시된 절차와 방법에 따라 진행하기만 하면 된다.

둘째, 책뜯기 토론회에서는 설령 책뜯기 리더의 능력이 부족하더라도 학습자들이 지식을 얻고 배울 수 있다. 책뜯기 리더 역시 토론회를 진행하는 과정에서 표현 능력, 질문 능력, 분석 능력, 정리 능력, 사고력, 지도력 등 여러 가지 능력이 점점 향상될 것이다. 이런 능력은 자신의 업무를 수행할 때에도 큰 도움이 된다.

셋째, 책뜯기 공부법은 학습자가 학습의 중심이 된다. 때문에 책뜯기 토론회의 효과를 판단하는 기준은 책뜯기 리더의 강의가 얼마나 훌륭했는지가 아니라 학습자들이 지식을 얼마나 효과적으로 활용할 수 있는지에 있다.

다음은 책뜯기 토론회를 준비하고 진행하는 전 과정을 책뜯기 리더의 입장에서 정리한 표다. 전체 과정을 크게 준비, 토론회, 사후 활동의 세 부분으로 나눌 수 있다. 이제 각 단계에서 해야 하는 일들을 한번 차근차근 살펴보자.

		책뜯기 리더	학습자	
준비		책 선택 및 사전조사 학습 주제 및 단락 선정 토론 내용 설계		
토론회	R	해당 단락 읽기		체험
	I	해석 및 풀이	풀이 듣기	사고
		사례 제시	관련 사례 체험에 참여	체험
	A		토론 참여	체험
	I	경험 연계, 참여 유도	자신의 경험과 연계	사고
			사례 통합 및 가공	사고
	A		경험 및 사례 발표	체험
	I	활용 촉진	실제 상황에서 해결해야하는 문제 연상	사고
			향후 활동 방안 계획	사고
	A		향후 활동 방안 발표	체험
	I		평가 및 피드백	사고
사후 활동		발표된 사례정리		
			실제 활용	체험

02
효과적인 토론을 준비하는 요령

책을 선택하고 사전조사를 진행하라

책뜯기 토론회에서 책은 가장 중요한 재료다. 식재료가 신선하지 않거나 먹는 사람의 입에 맞지 않는다면 아무리 훌륭한 요리사라도 맛있는 음식을 만들 수 없다. 반대로 식재료가 신선하고 먹는 사람에게 맞으면 요리사는 조금만 솜씨를 발휘해도 훌륭한 음식으로 인정받을 수 있다.

그러므로 책뜯기 리더가 책뜯기 토론을 효과적으로 이끌려면 책을 선택하는 것부터 신중해야 한다. 어떤 기준으로 책을 고르는 것이 좋을까? 우선, 필요와 목적에 따른 선택이 있다. 가령 영업부에서 협상 능력을 기르기 위해 토론회를 열기로 했다면 책뜯기 리더는 협상 능력에 관한 도서 가운데 기업의 실제 상황에 가장 적합한 책을 선택하면 된다. 이슈가 된 책이나 우수 선정도서들 중에서 고르는 방법도 있다. 예를 들어 스티브 잡스가 세상을 떠나고 출간된 전기 『스티브 잡스』를 선택하고, 이를 통해 혁신 능력을 주제로 한 토론회를 진행할 수 있다. 또는 토론회에 참여하게 될 학습자들로부터 직접 추천을 받는 방법도 있다.

여러 번 강조하건대, 책뜯기 공부법의 주체는 책이 아니라 학습자다. 책의 어떤 내용이 학습자에게 유용할 수 있을지 판단하는 과정은 그래서 매우 중요하다. 토론회에 참여하는 학습자들은 각기 다른 경험을 가지고 있고 학습에 대한 기대도 각기 다를 수 있다. 때문에 책뜯기 리더는 학습자들이 이미 알고 있는 것이 무엇이고, 함께 배워야 할 것은 무엇인지 사전에 미리 파악하는 것이 좋다. 책뜯기 리더가 전달하는 내용이 학습자들에게 유용할수록 학습 의욕과 흥미도 더욱 높아지기 때문이다.

따라서 책뜯기 리더는 책을 선정한 후 학습자에 대한 사전조사를 진행하는 것이 바람직하다. 현재의 상황이 어떤지, 업무를 수행하는 과정에서 부딪치는 주요 문제점이 무엇인지, 토론도서로 선정된 책을 읽어보았는지, 읽어보았다면 어떤 지식과 도움을 얻었는지 등의 질문을 중심으로 간략히 설문조사를 해보는 것이다. 설문조사 결과는 이후 학습 주제를 정하고 구체적인 사례를 수집하는 데에도 도움이 된다.

주제를 정하고 단락을 선택하라

학습자는 책의 전체 내용을 꼭 다 읽을 필요는 없다. 책의 전체 내용에 관한 것은 책뜯기 리더의 몫이다. 책뜯기 리더는 책에서 전달하고자 하는 주된 정보, 지식, 논리를 이해하고 그것들이 어떻게 연결되어 있는지 파악해야 한다.

사전조사를 통해 학습자들이 어떤 문제를 안고 있는지, 어떤 능력을 기르고자 하는지, 어떤 솔루션을 원하는지 확인했다면 그에 따라 학습자들에게 필요한 내용을 중심으로 학습 주제를 정하고 토론을 진행할 책 속의 단락을 5~7가지 정도 선택한다.

일례로, 내가 2011년에 중국 온라인결제사이트 알리페이alipay 영업부의 의뢰로 진행했던 책뜯기 토론회의 경우를 살펴보자. 당시 알리페이 영업부의 조직은 구매부, 총무부, 보안부, 엔지니어링부 등 여러 부서에서 온 사원들로 구성되어 있었다. 영업부 이사는 업무 경험이 다양한 직원들의 능력을 향상시키고 싶어 했다. 더 넓은 시야로 문제를 바라보고 더 세심하게 고객들에게 응대하며 더 창의적으로 문제를 해결할 수 있기를 바란다고 했다.

나는 영업부 이사와 상담한 후 오마에 겐이치의 『사고의 기술』을 토론 도서로 선택했다. 이 책은 중국 내 독자들로부터 큰 도움을 얻었다는 평을 받고 있었고, 나 역시 오마에 겐이치의 거의 모든 책을 읽어보았던 덕분에 이 책의 유익한 점을 잘 파악하고 있었다.

나는 학습자들에 대한 사전조사를 실시한 후에 『사고의 기술』의 내용 가운데 여섯 단락을 뽑아냈다. 첫 번째 단락의 핵심은 '표면적인 현상이 아닌 진정한 원인을 꿰뚫어보아야 문제를 해결할 수 있다'는 내용이었고, 두 번째는 '우리가 생각해내는 해결방법으로 문제가 해결되지 않는 것은 방법이 구체적이지 않기 때문'이라는 내용, 세 번째는 '자문 능력의 핵심이 무엇인가'에 대한 내용, 네 번째는 '매일 사고 훈련을 꾸준히 한다면 문제가 생겼을 때 단 3분 만에도 해결할 수 있는 절차가 머릿속에서 체계적으로 떠오를 수 있다'는 내용, 다섯 번째는 '해결방법을 선택한 후 상대로 하여금 그 방법을 받아들이게 하는 방법'에 대한 내용, 마지막으로 여섯 번째는 '고정관념을 뛰어넘는 사고력을 기르기 위한 방법'에 관한 내용이었다.

『사고의 기술』에는 내가 선택한 단락 외에도 훌륭한 내용이 아주 많이 담겨 있지만, 나는 전적으로 알리페이 영업부의 학습자들에게 필요한 내용을 중심으로 해당 단락을 선정했다.

토론의 내용을 미리 설계해보라

학습 주제와 단락을 선정했다면, 이제 책뜯기 토론회에서 다룰 구체적인 토론 내용을 계획해야 한다. 일단, 토론을 진행할 단락이 있는 부분을 복사해서 학습자들에게 나누어줄 수 있도록 학습 자료로 첨부한다.

그다음에는 각 단락과 관련된 사례를 적절히 준비해야 한다. 해당 사례가 꼭 책뜯기 리더 자신의 사례일 필요는 없다. 학습자들에게 각자의 경험을 돌이켜보고 앞으로 어떻게 활용할 것인지 생각해보도록 유도할 수 있는 것이면 무엇이든 상관없다.

또한 학습자들의 예상 질문에 대해 미리 생각해보고, 학습자들이 지루해하지 않도록 흥미로운 에피소드나 동영상 등 보조 자료를 준비하는 것도 좋다. 물론 책뜯기 리더가 전문적인 강사는 아니므로 이 과정에 너무 큰 부담을 느낄 필요는 없다. 책뜯기 리더가 자신의 발언 내용을 너무 많이 준비하는 것은 오히려 좋지 않다. 학습자들이 참여할 수 있는 여지를 더 많이 만들어주는 것이 중요하다. 어느 정도 준비가 끝났으면 이를 다음과 같은 표로 작성해보자.

학습 주제 :							
단락	페이지	제목	목표	시간	해석	유도	촉진
1							
2							
3							
4							
5							
6							
7							

이는 책뜯기 리더가 토론을 어떻게 진행할지 설계한 내용을 정리한 표다. 학습자들에게 이 표를 꼭 나누어줄 필요는 없지만 토론회가 어떻게 진행되는지 대략적으로 알려줄 수 있는 계획안이 될 수는 있을 것이다. 또한 토론회가 끝난 후 책뜯기 리더는 이 표를 바탕으로 각 단락에 관한 토론 결과를 정리하고 평가해볼 수 있다.

자, 이제 준비가 끝났다면 책뜯기 토론회의 현장으로 들어가보자.

03
실전 책뜯기 토론, 이렇게 진행하라

책뜯기 토론회는 보통 2~3시간 동안 진행한다. 책뜯기 리더가 대여섯 개의 단락을 가지고 학습자들의 학습을 유도하는데 이 과정을 단계별로 정리해보면 도입-읽기-해석(풀이 및 사례 제시)-경험 연계-참여 유도-활용 촉진-평가 및 질의응답의 순서로 진행된다.

도입: 흥미를 유도하고 신뢰감을 주어라

이 단계의 핵심은 흥미를 자극하고 신뢰감을 주는 것이다. 학습자가 흥미를 느끼려면 토론회에서 학습하는 지식이 자신과 관련되어 있고 유용할뿐더러 그 지식을 활용해 실제 업무에서 부

덮치는 문제를 해결할 수 있다는 것을 알 수 있도록 해야 한다.

책뜯기 리더는 가장 먼저 토론회의 목적을 학습자들에게 알려야 한다. "오늘 토론의 목적은 무엇일까요?" "이 책을 선정한 이유는 무엇일까요?" "여러분이 이 토론에 대해 기대하는 것은 무엇인가요?" 등과 질문 방식으로 자연스럽게 시작하는 것이 좋다.

그다음으로 중요한 것은 책을 소개하는 것이다. 어떤 점에서 해당 책이 유용하고 신뢰할 수 있는지 알려주고, 이 책을 통해 무엇을 학습하고 어떤 문제를 해결할 것인지 주지시키기 위함이다. 아래의 내용은 책을 소개할 때 참고할 수 있는 방법으로 마케팅 기술을 활용한 몇 가지 팁이다.

1. FAB 소개법을 활용한다. F는 특징 Feature이다. "동일 기능을 가진 제품들 가운데 가장 가볍습니다"와 같이 책의 특징에 대해 설명하는 것이다. A는 이점 Advantage이다. "가벼워서 휴대가 간편합니다"와 같이 차별화를 강조하는 것이다. B는 이익 Benefit이다. "고객이 쉽게 설치하고 수리할 수 있으므로 수리업체의 도움을 받을 필요가 없습니다"와 같이 고객이 얻을 수 있는 이익을 설명하는 것이다.

이 방법을 책 소개에 응용할 수 있다. F는 저자, 책의 내용, 출판사,

책의 분량 등이고, A는 동종 분류의 책들 가운데 이 책만이 가진 특별한 장점이며, B는 토론회에 참여한다면 무엇을 얻을 수 있고 어떤 문제를 해결할 수 있는지에 대한 것이다.

2. 학습자의 입장에서 설명한다. 책을 직접 소개하는 것이 아니라 사건, 질문, 영향, 해결이라는 4가지 요소에 따라 설명하는 방법이다.

- 사건: 학습자가 일상에서 업무를 처리할 때 어떤 일이 일어날 수 있는가에 관해 이야기한다.
- 질문: 문제가 발생했을 때 지금까지는 어떤 방식으로 문제를 해결했으며 그 효과가 어땠는지, 또 다른 해결방법은 없는지 등에 대해 질문한다.
- 영향: 그런 일들이 삶의 행복도, 목표 실현, 생활의 질 등에 매우 큰 영향을 미친다는 점을 설명한다.
- 해결: 이 책에서 제시하는 방식이 학습자들의 문제해결에 도움을 줄 수 있으며 예상보다 더 큰 효과를 낼 것이라고 이야기한다.

책 소개가 끝났다면 토론회의 대략적인 순서를 알리고 본격적으로 시작하면 된다. 도입 단계는 10분 이내로 비중을 적게 두는 것이 적당하다. 토론회 참석 인원이 많다면 5명 내외의 단위로 조를 나누는 것도 좋다. 조별 활동을 하면 흥미를 유도하며 학습 분위기를 좀 더 안정되게 가져갈 수 있기 때문에 상호 학습의 효과가 더 커진다.

읽기: 분석 독서와 점검 독서를 활용하라

책뜯기 리더가 준비한 단락을 다 같이 읽는 단계다. 여기서 읽기의 방법에는 2가지가 있다. 짧은 분량을 자세히 읽게 하는 '분석 독서'와 짧은 시간 내에 많은 분량을 훑어보듯 읽게 하는 '점검 독서'다.

분석 독서의 경우, 함께 읽는 책 속의 단락은 한두 문장일 수도 있고 한 단락 또는 한 페이지일 수도 있다. 가급적 최대 두 페이지를 넘기지 않는 것이 좋다. 너무 길면 학습자들이 분석하며 꼼꼼하게 읽을 수 없다. 사람마다 읽는 속도와 습관이 다르고 책의 난이도도 다르기 때문에 이 경우에는 5분 이내에 읽을 수 있는 정도의 분량이 적당하다. 읽는 시간은 상황에 따라 유연하게 결정하고 모든 학습자가 다 읽은 후에 그다음 단계로 넘어간다.

점검 독서는 읽기의 범위가 더 큰 경우에 해당한다. 몇 십 페이지 혹은 한 장章 전체를 다 읽을 수도 있다. 이 경우에는 학습자들이 각자 책을 가지고 있는 것이 좋다. 책뜯기 리더는 읽는 시간을 정해주고 해당 부분을 읽도록 한다. 그리고 그 전에 미리 읽기의 목적을 분명히 알려줘야 한다. 예를 들면 "읽으면서 3가지 요점을 골라내세요"라든가 "이 내용에서 현재 자신의 상황과 비슷한 사례 2가지를 찾아보세요"와 같은 과제를 제시하는 것이다.

해석: 책의 훌륭한 번역자가 되어라

훌륭한 책뜯기 리더는 '번역자'의 역할을 한다. 원서의 저자가 이론에 치우쳤거나 너무 간략하게 설명했을 때 책뜯기 리더는 이것을 학습자가 이해하기 쉬운 말로 바꾸어 해석해준다. 물론 여기에도 적절한 기준이 필요하다. 어느 정도로 풀이해주어야 적당할까? 충분히 풀이해주지 않는 것도, 너무 깊이 들어가는 것도 좋지 않다.

책 속에 소개된 사례나 설명을 충분히 활용하되, 학습자의 경험에 더 근접한 사례를 만들어 들려주는 것이 가장 좋다. 그리고 이때 중요한 것은 학습자들의 인지 갈등을 유발하는 것이다. 쉽게 말하면, 학습자로 하여금 자신의 부족함이나 편협함을 깨닫게 해주는 것이다. 예를 들면 "일한 지 5년이 되었는데 스스로가 1년차 초보와 다른 점이 있다면 무엇이라고 생각하십니까?"라고 학습자에게 묻는다. 학습자가 자신의 부족함을 깨닫게 될 때 학습의 필요성을 더욱 크게 느낄 수 있는 법이다.

이는 혼자서 책을 읽을 때도 마찬가지다. 책을 읽기 전이나 읽는 도중에 "내가 이 책에서 무엇을 배울 수 있을까? 나의 행동과 인식 중에 잘못된 것들이 있는가?"라고 자기 자신에게 끊임없이 질문하는 것이 좋다.

해석은 책뜯기 리더의 중요한 역할이지만, 여기에 너무 긴 시간을 할애하지는 마라. 지식보다 중요한 것은 행동과 방법이다. 그러므로 책 속의 지식을 반복해주었다면 나머지 시간은 학습자들이 참여하고 활용할 수 있도록 양보해야 한다.

경험 연계: 구체적인 상황을 던져라

이 단계에서 책뜯기 리더는 학습자들이 책 속의 지식을 자신의 경험에 연계시켜 사고할 수 있도록 적절히 유도해야 한다. 어떤 방법들이 있을까?

우선적으로는 주제와 관련해 학습자들에게 자신이 겪었거나 보았던 성공사례, 실패사례를 발표하게 할 수 있다. 또는 학습자 자신의 경험을 연계시켜 이를 새로운 사례로 가공해보도록 할 수도 있다. 이 과정에서 책뜯기 리더는 탐구식 질문을 많이 던지는 것이 좋다. 질문을 통해 학습자가 자신의 경험을 단순히 평가하는 것이 아니라 구체적으로 묘사하도록 유도해야 한다. 다음은 책뜯기 리더의 질문 방식에 관한 몇 가지 팁이다.

1. 질문을 통해 학습자의 행동방향이나 기준을 제시하고 깊이 있게 사고하도록 유도한다. "이 방식으로는 더 많은 문제를 일으킬 것이라고 생각한다면 다른 방법은 없을까요?"(행동방향 제시) "연봉 인상에 대해 고민할 때 주로 어떤 점을 고려하시나요?"(기준 제시)

2. 질문을 통해 학습자가 더 구체적이고 명확하게 발표할 수 있도록 유도한다. "고객들은 보통 뭐라고 말합니까?" "그런 경우에 어떻게 했나요?"와 같이 사실을 중심으로 질문한다. 또는 "어떻게 반응하셨나요?" "이런 상황에서 보통 어떻게 대처하시나요?"와 같이 행동을 중심으로 질문한다.

3. 질문을 통해 학습자의 의견, 생각, 결심 등을 탐색하고 확인한다. 학습자가 어떤 생각을 하고 있으며 그런 생각을 하게 된 이유는 무엇이고 그 생각이 관련된 사람들에게 어떤 영향을 미칠 것인지 질문한다. "그렇게 함으로써 달성하려는 목표는 무엇인가요?"

4. 질문을 통해 학습자에게 부족한 것이 무엇인지 알아낸다. 그럼으

로써 학습자의 사고를 온전하게 채워줄 수 있다. 예를 들어 영업직에서 근무하는 학습자가 자신의 영업실적 부진을 제품이나 고객 탓으로 돌린다면 이렇게 질문할 수 있다. "영업실적을 높이기 위해 어떤 노력을 기울이셨나요?" "시장이 5년 전과는 완전히 달라졌습니다. 본인은 5년 전에 비해 얼마나 성장하셨나요?"

5. 질문을 통해 학습자가 문제를 넓게 바라볼 수 있도록 시야를 넓혀줄 수 있다. "그 일에서 무엇을 배웠나요?" "그 일에서 어떤 교훈을 얻었나요?"

경험 연계 단계에서는 책뜯기 리더의 인내가 필요할 때도 많다. 때로는 발표하려는 사람이 하나도 없을 수도 있기 때문이다. 지식을 습득한 후 이를 자기 경험과 연계시키는 것도 연습이 필요하기에 학습자들이 선뜻 자신의 경험과 사례를 발표하지 못할 때도 많다.

그러나 침묵을 두려워하지 마라. 조용한 것처럼 보여도 학습자들의 머릿속에서는 자신의 경험을 떠올려보느라 분주할 것이다. 학습자들이 침묵을 지키고 있다면 "천천히 생각하세요. 2분 동안 생각할 시간을 더 드리겠습니다"라고 기다려주어라. 시간이 더 지났는데도 아무도 발표하지 않는다면 그때는 다음과 같은 방법을 써보라.

발표할 내용을 다시 한 번 더 설명하고 조별로 토론하도록 한다. 조별 토론으로 부담감을 줄여주는 것이다. 또는 책뜯기 리더가 문제의 범위를 좀 더 좁혀서 더욱 구체적인 상황을 정해준다. 상황이 더 구체적일수록 자신의 경험을 떠올리기가 훨씬 쉬워진다. 그래도 충분한 사례 발표가 이어지지 않는다면, 다음 단계로 넘어가면 된다.

참여 유도: 변화를 체험하게 하라

참여 유도 단계는 학습자들이 현장 활동을 통해 체화학습을 할 수 있도록 도와주는 것이 목적이다. 이때에는 학습자들의 행동 변화에 주목해야 한다. 참여 유도 단계의 핵심은 사고방식의 변화가 아니라 행동의 변화다. 예를 들어 "고객에게 진심으로 대해야 한다"고 한다면 참여를 촉진할 수 있는 방법이 없다. 하지만 "고객이 불만을 제기했을 때 먼저 고객의 말을 다시 한 번 반복해야 한다"라고 하는 것은 좋다.

숙련된 책뜯기 리더는 학습자들이 더 쉽게 참여하고 익힐 수 있는 훈련을 고안해냄으로써 구체적인 절차를 제시한다. 다음은 책뜯기 리더가 학습자들의 참여를 유도할 수 있는 몇 가지 방법들이다.

첫째, 사전에 준비한 사례를 이용해 현장 활동이나 역할극 등을 진행한다. 학습자가 새롭게 배운 방법을 연습해볼 수 있도록 하는 것이다.

둘째, 준비한 사례를 학습자들이 서로 토론하도록 한다. 사례가 너무 간단하거나 주제가 너무 명확한 것은 좋지 않다. 예를 들어 "그들은 왜 실패했을까?"라는 토론 주제는 적절하지 않다. 1분도 안 되어 더 이상 토론할 것도 없이 결론이 나버릴 테니 말이다. 똑같은 사례라 해도 "이 사례에서 어떤 교훈을 얻을 수 있을까"라는 토론 주제를 제시한다면 학습자들이 좀 더 활발하게 토론할 수 있다. 학습자들이 토론 결과를 정리해 화이트보드나 노트에 기록하게 하는 것도 좋은 방법이다.

셋째, 효과적인 보조 도구를 활용한다. 학습 주제와 관련이 있는 사진이나 그림, 동영상 자료들은 그 자체로 생생한 사례가 될 수 있다.

활용 촉진: 실제 문제해결에 초점을 맞춰라

지식의 학습이 귀납의 과정이라고 한다면 지식의 활용은 연역의 과정이다. 학습이 행동을 변화시키고 지식이 능력으로 전환

되는 것은 최종적으로 활용의 단계에서 이루어진다. 그러므로 활용 촉진은 책뜯기 공부법에서 가장 중요한 단계라고 말할 수 있다.

책뜯기 리더는 학습자들이 각자 발표한 자신의 구체적인 문제를 어떻게 해결할 수 있는지 학습한 지식을 활용해 생각해볼 수 있도록 해야 한다. 학습자들에게 등장인물과 줄거리가 있는 이야기를 직접 만들어보게 하는 것도 좋다. 지식을 어떻게 활용해 문제를 해결하는지 구체적인 과정을 이야기에 담아내도록 하는 것이다. 또한 학습한 지식을 업무나 일상생활의 어떤 상황에 활용할 것인지 계획을 세우도록 유도하는 것도 필요하다.

평가 및 질의응답: 객관적이고 구체적으로 평가하라

경험 연계, 참여 유도, 활용 촉진의 단계는 철저히 학습자가 주체가 되는 활동이었다. 그렇다면 이제 책뜯기 리더의 마지막 평가와 점검의 절차가 남았다.

평가의 목적은 학습자가 지식을 실력으로 전환시켜 더 능숙하게 활용할 수 있도록 돕는 것이다. 평가는 3가지로 이루어진다. 첫째는 내용, 즉 학습자의 사례 분석 자체를 평가하는 것이다. 둘째는 과정, 즉 학습자의 문제해결 방식을 평가하는 것이다. 셋째는 전제, 즉 모두가 습관적으로 옳다고 생각하는 가설, 신념, 가치관, 문제해결 방식을 평가하는 것이다.

학습자가 어떤 부분에서 잘했는지 책뜯기 리더가 짚어주면 그 부분이 더 강화되는 효과를 얻을 수 있다. 애매한 평가는 아무 소용이 없다. "아주 잘했습니다"라고 말하는 것보다는 "손실을 입으면 더 진지하게 생각하게 된다는 점을 잘 설명해주는 사례로군요"라고 구체적으로 지적해서 평가해야 한다.

04
책뜯기 공부법과 학습형 조직

그동안 여러 기업에서 책뜯기 토론회를 진행해왔다. 그럴 때마다 직원 교육 담당자들에게 가장 많이 받은 질문이 "어떻게 하면 내부에서 책뜯기 리더를 길러낼 수 있을까요?"였다. 가장 효과적인 방법은 바로 책뜯기 공부법의 세 번째 실천방법인 책뜯기 모임을 조직하는 것이다.

책뜯기 모임은 매주 또는 2주에 한 번씩 정기적으로 진행함으로써 참석자들이 책뜯기 리더로 성장할 수 있도록 훈련하는 것이다. 토론 때마다 진행자, 책뜯기 리더, 평가자, 기록자 등으로 역할을 정해 참석자들이 번갈아가면서 맡도록 한다.

책뜯기 리더는 미리 책을 읽고 두세 단락을 골라 준비한 다음 책뜯기 리더의 역할(해석, 경험 연계, 참여 유도, 활용 촉진, 평가)에 따라 20~30분 정도 학습을 이끌어간다. 학습자는 책뜯기 리더가 이끄는 대로 지식 이해, 자기 경험 연계, 사례 가공, 토론 참여, 향후 활용 계획 수립 등의 활동을 하면 된다. 평가자는 책뜯기 리더의 진행 과정을 기록하고 간단히 평가해 모니터링하고, 기록자는 학습자들의 발언을 기록한다.

책뜯기 모임을 통해 기업이 얻을 수 있는 효과는 다음과 같다. 첫째, 직원 중심의 지속적인 학습이 가능하다. 둘째, 조직 내에 학습형 기업 문화가 형성되고 학습촉진자가 늘어난다. 리드 능력은 모든 관리자가 갖춰야 하는 필수 능력이다. 셋째, 직원들이 상호 평가를 통해 스스로를 평가하고 성장을 위한 동기를 더 강화해나갈 수 있다.

학습조직은 오늘날 기업들이 가장 관심을 갖고 있는 개념 중 하나다. 조직 전체가 강한 학습력을 가졌을 때 얼마나 큰 경쟁력을 발휘할 수 있는지 잘 알고 있기 때문이다. 다만 이론과 개념은 잘 알고 있지만 효과적인 방법과 수단이 부족하기 때문에 실제로 실천하는 기업들은 많지 않다. 책뜯기 공부법과 책뜯기 모임은 바로 그런 기업들에게 효과적인 방법과 수단이 되어줄 것이다.

실전 사례 3

/ 독서 R /

—오마에 겐이치, 『즉전력』 중에서(73페이지 사례와 동일함)

즉전력 卽戰力 있는 전문가가 갖추어야 할 마지막 신기 神器 는 '문제해결력'이다. 문제해결력을 겸비한 사람이라면 기업에서 서로 모셔가려고 다툴 것이다. 오늘날의 기업에는 문제해결력을 갖춘 전문가가 터무니없이 부족하기 때문이다.

21세기는 한 치 앞도 예측할 수 없는 시대이다. 사이버 Cyber, 보더리스 Borderless, 멀티플 multiple 등 여러 가지 경제모델이 복잡하게 얽혀 있는 '신대륙'에는 더 이상 실물경제만 존재하는 '구대륙'의 원칙이 통하지 않는다.

실업, 프리터 freeter (자유로움과 아르바이트를 합성한 신조어로 특정 직업을 갖지 않고 아르바이트만으로 생계를 이어가는 사람들을 일컬음), 저출산, 고령화, 연금정책 등 지금까지 한 번도 출현한 적 없었던 문제들이 속출해 정부를 속수무책으로 만들고 있다. 과거에는 소위 잘나갔던 대기업들이 문제를 해결하지 못하고 시장에서 퇴출당하거나 소리 없이 사라지고 있다. 원인은 분명하다. 엘리트와 화이트칼라 계층이 학교에서 교육받은 대로 정답이 있는 문제를 해결하는 데는 익숙하지만 불확실한 시대의 여러 가지 문제에 대해서는 문제해결력을 발휘하지 못하기 때문이다.

과거의 성공 경험을 근거로 해답을 찾는 방식은 현재 당면한 문제들 앞에서 아무런 효과를 발휘하지 못한다. 그러다가 뜻대로 되지 않으면 즉흥적으로 떠오른 아이디어로 문제를 해결하려고 한다. 기업의 중요한 의사결정이나 국가경제와 민생에 관한 정책결정조차 독창적인 아이디어에만 의지하는 것도 이미 흔한 일이 되었다.

문제해결의 첫걸음은 문제가 어디에 있는지, 무엇이 문제인지 자발적으로 찾아내는 것이다. 조금이라도 의문이 들면 끝까지 파헤쳐 분석하고 문제의 본질이 무엇인지 반복해서 탐색해야 한다. 한마디로 '질문하는 힘'이 반드시 필요하다.

그다음에는 문제가 발생한 원인이 무엇이고 어떻게 해야 그 원인을 배제할 수 있는지 가설을 세운다. 이때 무엇보다 중요한 것은 "왜 이 방법을 택했느냐"라는 질문에 대해 "이런 결과를 얻을 수 있지 않을까?"라는 자신의 가설을 제시하는 것이다.

다음으로는 이 가설을 성립시키기 위해 검증해야 한다. 가설은 어디까지나 가설일 뿐 이것으로 문제를 해결할 수 있다고 단정해서는 안 된다. 검증을 통해 최초 가설이 잘못되었음이 확인된다면 곧장 새로운 가설을 세워야 한다. 그래야만 문제가 발생한 진정한 원인을 찾을 수 있다.

이것이 문제를 해결하는 과정이다. 문제가 닥쳤을 때 그 해답을 알고 있는지는 중요하지 않다. 그보다는 어떤 문제가 닥치든 가설을 세우고 검증하는 과정을 통해 해답을 찾을 수 있는 문제해결력을 갖추고 있는지가 더 중요하다.

/ 해석 I /

책뜯기 리더   이 단락의 요점은 4가지입니다. 문제해결 능력의 중요성,

문제해결 능력이 부족한 원인, 문제해결의 3단계, 문제해결 능력을 가졌는지를 판단하는 기준이죠. 이 중에서 가장 중요한 것이 문제해결의 3단계입니다.

문제의 본질을 파헤치기 위해서는 '질문하는 힘'을 길러야 합니다. 문제해결의 1단계와 2단계의 핵심이 바로 질문입니다. 상대의 문제해결 능력이 얼마나 되는지 알고 싶다면 그가 무슨 이야기를 하는지가 아니라 질문하는 습관이 있는지 살펴보아야 합니다. 또 그 질문의 수준이 어떤지도 살펴보아야지요.

이제 각자 자신의 경험을 떠올려보겠습니다. 반드시 해결해야 하지만 제대로 해결하지 못한 문제들이 있나요? 조별로 모여 각자의 이야기를 공유해보세요. 어떤 문제가 있었는지, 또 앞으로 비슷한 문제가 발생한다면 문제해결의 3단계에 따라 어떻게 해결할 것인지 이야기해보세요.

이제 앞으로 어떻게 활용할 것인지 계획을 세워보세요. 현재 어떤 문제가 있는지, 이 방법을 이용해 그 문제를 어떻게 해결할 것인지 계획하는 겁니다. 머릿속으로 상상해보세요. 구체적으로 상상할수록 좋습니다. 계획이 완성되면 조원들에게 자기 계획을 이야기하세요.

/ 활용 A /

학습자 1　　　같은 부서 동료가 안색이 계속 어두웠습니다. 왜 그러느냐고 물어보니 처음에는 말하지 않으려고 하다가 나중에는 야근이 너무 잦아서 힘들다고 털어놓았습니다. 나는 동료에게 업무를 효율적으로 처리하는 방법을 조언해주었지만 크게 귀담아 듣지 않는 것 같았죠. 하지만 내게도 그것 외에는 달리 좋은 방법이 없었습니다. 만약 다시 비슷한 상황에 처한다면 동료에게 급하게 해결방법을 조언해주지 않고 문제해결의 3단계에 따라 질문하겠습니다. 우선 정확한 문제가 무엇인지 물어보겠습니다. 야근이 잦은 것은 문제의 본질이 아닐 수도 있을 것 같습니다. 사실 예전에도 야근이 잦았지만 그때는 그 동료의 안색이 그렇게 어둡지 않았으니까요. 계속 질문하다 보면 몇 가지 가설이 생길 겁니다. 직장에서 발전 가능성이 없다고 생각할 수도 있고, 얼마 전에 제출한 기획안이 거절당해 우울한 것일 수도 있고요.

학습자 2   우리 회사에 영업직 사원이 있습니다. 영업실적도 양호하고 성격도 활발하지요. 그런데 그는 앞일을 예상하는 능력이 부족합니다. 그의 거래고객들은 대금결제가 지연되는 일이 많습니다. '예측의 정확성이 떨어지는 것'이 문제의 원인이죠. 몇 가지 가설이 있습니다. 그가 고객과 계약할 때 대금결제 기한을 강조하지 않았을 수도 있고, 그가 고객에게 대금지급을 독촉하지 못하기 때문일 수도 있고, 그와 연락하는 담당자가 회사 내에서 발언권이 약할 수도 있습니다. 아니면 고객에게 제품을 소개할 때 제품의 장점을 충분히 설명하지 않고 우격다짐으로 계약을 하는 바람에 대금을 결제해야 할 때가 되어서야 고객이 후회하는 것일 수도 있습니다. 내일 그를 불러 단독으로 면담해야겠습니다. 질문을 통해 내가 세운 가설들 중에 어느 것이 맞는지 살펴본 후에 그에 맞는 조언을 해주어야겠습니다.

한 권씩 읽어가는 동안
내가 무엇을 알고 무엇을 모르는지
깨닫게 될 것이다.
─클리프턴 패디먼 Clifton Fadiman

나가며

한 권의 책으로
백 권 이상의 독서 효과를 얻는다

1965년 1월 미국 펜실베이니아대학 심리학과 실험실에서 마틴 셀리그만 Martin Seligman 이라는 젊은 대학원생이 실험을 진행했다. 그는 전기가 흐르도록 특별히 제작한 상자에 개 한 마리를 넣었다. 그는 전기의 강도가 개에게 상해를 입힐 정도는 아니었지만 고통을 주기에는 충분했다.

상자 바닥에 전기가 흐르자 개가 놀라 펄쩍 뛰어올랐다. 그러다가 상자 벽에 있는 조작기에 개의 코가 부딪치자 전원이 차단되었다. 며칠 동안 같은 방식으로 여러 번 전기를 흐르게 하자 개는 코로 조작기를 누르는 법을 배웠다.

며칠 후 개를 다른 상자로 옮겼다. 왕복 회피상자라고 불리는 이 상자는 두 칸으로 나뉘어 있었는데 한 칸에는 전기가 흐르고 다른 한 칸에는 전기가 흐르지 않았다. 개는 그 상자에 들어간 후 몇 초 만에 전기충격을 피할 수 있는 법을 발견했다.

셀리그만은 또 다른 개를 데려다가 상자에 넣고 전기충격을 가했다. 이번에는 전원을 차단할 수 있는 조작기를 설치하지 않았으므로 개가 전기충격을 피할 수 있는 방이 없었다. 며칠 후 이 개를 왕복 회피상자에 넣었다. 전기가 흐르는 칸과 그렇지 않은 칸 사이의 경계 턱은 쉽게 넘을 수 있을 만큼 낮았지만 개는 경계 턱을 넘어가지 않고 전기가 흐르는 칸에 머물러 있었다. 그것도 얌전하게 엎드려 무기력하게 전기충격을 참아냈다. 개가 전기에 대한 '무기력Helplessness'을 학습한 것이다.

이것은 '학습된 무기력Learned Helplessness'을 처음 확인한 유명한 실험이다. 이 실험을 바탕으로 연구한 결과 '학습된 무기력'이 현대인들에게도 흔하게 나타나고 있음이 밝혀졌다. 셀리그만은 '긍정 심리학의 아버지'라고 불리는 유명한 심리학자로 1998년 사상 최다 득표로 미국 심리학회장에 당선되기도 했다.

누군가에게 어떤 일에 대한 동기를 부여할 수 있는 2가지 방법이 있다. 하나는 흥미를 자극하는 것이고, 또 하나는 이익의 기회를 제공하는 것이다. 쉽게 말하면 그 일을 좋아하게 만들거나 아니면 그 일을 할 수밖에 없도록 만드는 것이다. 왕복 회피 상자 속에 있는 개가 경계 턱을 넘는 것은 후자에 해당한다.

사회적으로 성공한 사람들은 모두 학습 능력의 중요성에 공감한다. 빠르게 변화하는 시대를 살고 있는 직장인들은 끊임없이 난제에 부딪히고 막중한 스트레스를 안고 있으며 전진하지 않으면 도태된다. 모든 사람이 학습에 흥미를 느낄 수는 없겠지만 학습이 이익과 직결된다면 누구든 해야 한다는 의무감이 생길 수밖에 없다. 반드시 해야 하는 일을 하지 않는다면 그것이 필요 없다고 여기기 때문일 것이다. 학습에 대해 '학습된 무기력' 상태에 있는 것이다.

'학습된 무기력'에 빠진 사람들을 어떻게 도울 수 있을까? 셀리그만은 '무기력'은 학습될 수도 있고 치료할 수도 있지만 그보다 더 좋은 것은 '낙관주의'를 학습하는 것이라고 했다.

―마틴 셀리그만, 『낙관성 학습』 중에서

무기력에 학습된 개를 왕복 회피상자에 넣고 전기가 흐르는데도 개가 무기력하게 엎드려 있을 때마다 목줄을 당겨 전기가 흐르지 않는 칸으로 옮겨놓았다. 이렇게 몇 번 반복하고 나니 개가 어느 날 갑자기 바닥에 전기가 흐르자마자 벌떡 일어나 경계 턱을 넘어 전기가 흐르지 않는 칸으로 옮겨갔다. 자신의 행동이 전원을 차단하는 효과가 있음을 발견하자 개의 무기력감이 치유된 것이다. 이 '치유'의 효과는 100퍼센트이며 영구적이다.

독서를 할 때 반드시 책 한 권을 끝까지 다 읽지 않아도 되고 책 속의 내용을 다 기억할 필요도 없다면, 또한 지식을 활용함으로써 당면한 자신의 문제를 해결할 수 있다면, 학습에 대한 의지는 자발적으로 커질 수 있을 것이다. 이것이 무기력이 치유되는 과정이며, 책뜯기 공부법을 통해 우리가 얻을 수 있는 효과이기도 하다.

요컨대, 책뜯기 공부법은 책 속의 지식을 자신의 능력으로 전환시킬 수 있게 도와주는 학습법이다. 한 권의 책으로도 백 권 이상의 독서 효과를 얼마든지 얻을 수 있다. 정기적으로 책뜯기 공부법을 통해 지식을 받아들이고 자신의 경험과 연계시키며 활용할 수 있도록 훈련한다면 어느새 훌쩍 성장한 자기 자신을 느낄 수 있을 것이다.

변화는 쉽지 않지만 반드시 필요하다. 나는 책뜯기 공부법이 독자들에게 독서와 공부에 대한 자신감과 용기, 그리고 새로운 의지를 불어넣어줄 수 있을 것이라 믿는다.

옮긴이 허유영

한국외국어대학교 중국어과, 동 대학 통번역대학원 한중과를 졸업하고 현재 전문번역가로 활동하고 있다. 지은 책으로는 『가장 쉽게 쓰는 중국어 일기장』이 있고, 옮긴 책으로는 『기업의 시대』, 『G2전쟁』, 『디테일의 힘』, 『신해혁명』, 『10년 후 부의 지도』, 『화씨비가』, 『저우언라이 평전』 외 60여 권이 있다.

0.1퍼센트 독서 고수들의 비밀
책뜯기 공부법

초판 1쇄 발행 2015년 6월 1일
초판 2쇄 발행 2015년 6월 10일

지은이 자오저우
옮긴이 허유영
펴낸이 김선식

경영총괄 김은영
마케팅총괄 최창규
기획·편집 한보라 **크로스교정** 박지아 **책임마케터** 박현미
콘텐츠개발1팀장 류혜정 **콘텐츠개발1팀** 한보라, 박지아, 봉선미
마케팅본부 이주화, 이상혁, 최혜령, 박현미, 반여진, 이소연
경영관리팀 송현주, 권송이, 윤이경, 임해랑
외부스태프 디자인 씨디자인

펴낸곳 다산북스 **출판등록** 2005년 12월 23일 제313-2005-00277호
주소 경기도 파주시 회동길 37-14 3, 4층
전화 02-702-1724(기획편집) 02-6217-1726(마케팅) 02-704-1724(경영관리)
팩스 02-703-2219 **이메일** dasanbooks@dasanbooks.com
홈페이지 www.dasanbooks.com **블로그** blog.naver.com/dasan_books
종이 한솔피엔에스 **출력·제본** 갑우 **후가공** 이지앤비 특허 제10-1081185호

ISBN 979-11-306-0523-4 (13320)

• 책값은 뒤표지에 있습니다.
• 파본은 구입하신 서점에서 교환해드립니다.
• 이 책은 저작권법에 의하여 보호를 받는 저작물이므로 무단 전재와 복제를 금합니다.
• 이 도서의 국립중앙도서관 출판시도서목록(CIP)은 서지정보유통지원시스템 홈페이지(http://seoji.nl.go.kr)와 국가자료공동목록시스템(http://www.nl.go.kr/kolisnet)에서 이용하실 수 있습니다. (CIP제어번호 : CIP2015013375)

> 다산북스(DASANBOOKS)는 독자 여러분의 책에 관한 아이디어와 원고 투고를 기쁜 마음으로 기다리고 있습니다. 책 출간을 원하는 아이디어가 있으신 분은 이메일 dasanbooks@dasanbooks.com 또는 다산북스 홈페이지 '투고원고'란으로 간단한 개요와 취지, 연락처 등을 보내주세요. 머뭇거리지 말고 문을 두드리세요.